中等职业汽车运用与维修专业"十二五"系列教材

汽车维护实训教程

主　编　袁家旺　柯裕伟
副主编　彭荣富　原伟忠　汤粤文　吴　杰
参　编　黎晶荣　窦　捷　陆信光　韦志强　黄　文
　　　　易坤仁　黄启敏　张锡权　杨德宁　梁家生
　　　　何　俊　曾祥越　吕少杰　傅明伟

机械工业出版社

本书以现代汽车维护的"清洁、润滑、检查、补给、调整、紧固"作业为主线，以大量的实景图片详细讲述了汽车定期维护和非定期维护的目的、作业内容、操作步骤、操作注意事项和技术要求等内容，有针对性地用实例示范了汽车维护作业的操作步骤与流程。

本书共分六个单元，主要内容有：汽车维护常用器具和设备的使用，汽车油液的使用，汽车日常维护与磨合期维护，汽车一级维护，汽车二级维护，丰田卡罗拉轿车 40000km 维护作业。

本书可作为技工院校、职业技术院校汽车运用与维修专业及相关专业师生的教学用书，也可供汽车维修人员、汽车驾驶人员及相关管理人员参考。

图书在版编目（CIP）数据

汽车维护实训教程/袁家旺，柯裕伟主编. —北京：机械工业出版社，2012.8（2022.7 重印）
中等职业汽车运用与维修专业"十二五"系列教材
ISBN 978-7-111-38813-5

Ⅰ.①汽… Ⅱ.①袁…②柯… Ⅲ.①汽车—车辆修理—中等专业学校—教材 Ⅳ.①U472

中国版本图书馆 CIP 数据核字（2012）第 160435 号

机械工业出版社（北京市百万庄大街 22 号　邮政编码 100037）
策划编辑：陈玉芝　责任编辑：陈玉芝　赵磊磊
版式设计：霍永明　责任校对：刘　岚
封面设计：张　静　责任印制：常天培
固安县铭成印刷有限公司印刷
2022 年 7 月第 1 版第 9 次印刷
184mm×260mm·11.5 印张·244 千字
标准书号：ISBN 978-7-111-38813-5
定价：35.00 元

电话服务　　　　　　　　　　网络服务
客服电话：010-88361066　　　机　工　官　网：www.cmpbook.com
　　　　　010-88379833　　　机　工　官　博：weibo.com/cmp1952
　　　　　010-68326294　　　金　书　网：www.golden-book.com
封底无防伪标均为盗版　　机工教育服务网：www.cmpedu.com

前　言

汽车作为便利的运输及交通工具已经走进了我国的千家万户，汽车维修业成为了名副其实的新兴行业。目前，汽车维修行业已由纯劳动技术型行业转化为具有专业技术型、市场调节型、服务延展型特性的，为广大汽车消费者提供全方位服务的行业。汽车售后技术服务逐渐向常规维护和免拆维护方向发展，"以养代修"的理念逐步被人们认同。另外，国家对车辆排放控制要求越来越严格，为确保行车安全，降低能耗，减少环境污染，延长车辆使用寿命，我国现行的"定期检查、强制维护、视情修理"的汽车维修原则也越来越多地被汽车维修企业接受。为了适应中等职业教育教学改革的需要，和满足培养汽车维护操作技能型人才的需要，我们特组织编写了本书。

本书以现代汽车维护的"清洁、润滑、检查、补给、调整、紧固"维护作业为主线，以丰田卡罗拉轿车、五菱汽车为例，用大量结构图、原理图和实景操作图，详细讲述了汽车定期维护和非定期维护作业内容。

本书的编写原则是：以就业为导向，以学生为主体，以培养实用型人才为根本任务，按理论-实践一体化教学要求编排教学内容。本书的内容系统、连贯、完整，具有较强的实用性。

本书由袁家旺、柯裕伟主编，彭荣富、原伟忠、汤粤文、吴杰任副主编，参加编写的还有黎晶荣、窦捷、陆信光、韦志强、黄文、易坤仁、黄启敏、张锡权、杨德宁、梁家生、何俊、曾祥越、吕少杰、傅明伟。

由于编者水平所限，书中难免存在不妥之处，敬请广大读者提出宝贵意见。

编　者

目 录

前言

概述　汽车维护知识 …………………………………………………………………… 1

单元一　汽车维护常用工量具和设备的使用 ………………………………………… 5
项目一　常用工具的使用 …………………………………………………………… 5
项目二　常用量具的使用 …………………………………………………………… 12
项目三　举升机的使用 ……………………………………………………………… 19

单元二　汽车油液的使用 ……………………………………………………………… 25
项目一　发动机机油的使用 ………………………………………………………… 25
项目二　齿轮油的使用 ……………………………………………………………… 29
项目三　制动液的使用 ……………………………………………………………… 34
项目四　冷却液的使用 ……………………………………………………………… 38

单元三　汽车日常维护与磨合期维护 ………………………………………………… 41
项目一　日常维护 …………………………………………………………………… 41
项目二　磨合期维护 ………………………………………………………………… 45

单元四　汽车一级维护 ………………………………………………………………… 48
项目一　清洁作业 …………………………………………………………………… 48
项目二　润滑和补给作业 …………………………………………………………… 52
项目三　检查、调整及紧固作业 …………………………………………………… 55

单元五　汽车二级维护 ………………………………………………………………… 62
项目一　油液的检查和补给作业 …………………………………………………… 62
项目二　车身电器、转向盘、制动器的检查及调整作业 ………………………… 69
项目三　车身部件和汽车底部的检查及紧固作业 ………………………………… 80

项目四　发动机舱各部件的检查及紧固作业 …………………………………… 88

单元六　丰田卡罗拉轿车 40000km 维护作业 ……………………………………… 92
　　项目一　汽车维护前的预检工作 ………………………………………………… 94
　　　　任务一　车内三件套的安放 ………………………………………………… 94
　　　　任务二　发动机舱油液的检查 ……………………………………………… 98
　　项目二　汽车车灯的检查 ………………………………………………………… 103
　　项目三　玻璃喷洗器和刮水器的检查 …………………………………………… 111
　　项目四　喇叭和转向盘的检查 …………………………………………………… 115
　　项目五　驻车制动器和行车制动器的检查 ……………………………………… 118
　　项目六　汽车车身内外部件的检查 ……………………………………………… 122
　　项目七　汽车底部油液泄漏情况和安装件的检查 ……………………………… 129
　　　　任务一　汽车底部油液泄漏情况的检查 …………………………………… 129
　　　　任务二　汽车底部安装件的检查 …………………………………………… 133
　　项目八　车轮轴承、车轮和制动器的检查 ……………………………………… 139
　　　　任务一　车轮轴承的检查及车轮的拆卸与检查 …………………………… 139
　　　　任务二　盘式制动器的拆卸与检查 ………………………………………… 143
　　　　任务三　制动拖滞的检查及车轮的安装 …………………………………… 147
　　项目九　发动机舱的检查 ………………………………………………………… 150
　　　　任务一　发动机起动前的检查 ……………………………………………… 150
　　　　任务二　起动发动机、暖机过程中和暖机后的检查 ……………………… 155
　　项目十　复检及恢复清洁 ………………………………………………………… 159

附录　丰田卡罗拉轿车 40000km 维护与保养作业工单 ……………………………… 162

概述　汽车维护知识

【学习目标】
1. 了解汽车维护和汽车维护制度的定义。
2. 了解我国汽车维护制度的基本原则。
3. 掌握汽车维护的种类、维护周期。
4. 理解汽车维护的目的。

【学习重点】
理解汽车维护的目的。

预备知识

一、汽车维护概念

汽车维护是指为维持汽车完好技术状况或工作能力而进行的作业。

广义的汽车维护是指汽车美容、汽车装饰、汽车日常维护、一级维护、二级维护及相关的检测。

狭义的汽车维护是指汽车在使用中进行预防性的维护作业，包括清洁作业、检查作业、紧固作业、调整作业。

二、汽车维护制度

汽车维护制度是指对汽车进行维护工作而规定的技术性组织措施，是贯彻安全第一、预防为主，保障汽车安全运行的基本制度。我国的汽车维护制度贯彻"定期检查、强制维护、预防为主、安全第一"的原则。

三、汽车维护的目的

汽车维护的目的是保持车辆外观整洁，延长汽车零部件的使用寿命，减少不必要的损坏，并可及时发现和消除故障隐患，使车辆经常保持良好技术状况，保证行车安全，延长大修间隔里程，确保车辆具有良好的经济性，减少噪声、废气的排放污染。

四、汽车维护的种类

依据维护作业的周期和性质不同，汽车维护的种类分为定期维护和非定期维护。

$$\text{定期维护}\begin{cases}\text{日常维护}\\ \text{一级维护}\\ \text{二级维护}\end{cases} \qquad \text{非定期维护}\begin{cases}\text{磨合期维护}\\ \text{季节性维护}\end{cases}$$

1. 日常维护

汽车日常维护是指以清洁、补给、安全检视为中心的维护作业，由驾驶员完成，是汽车其他维护的基础。日常维护应坚持三检、四清、四防制度。

<u>三检</u>：出车前、行车中、收车后检查车辆安全部件、连接件。

<u>四清</u>：清洁机油滤清器、空气滤清器、燃油滤清器、蓄电池。

<u>四防</u>：对润滑油（脂）、燃油、冷却液、轮胎进行检视，防止漏油、漏气、漏水、漏电。

2. 一级维护

汽车一级维护是指除日常维护工作外，以润滑、紧固为中心，并检查相关安全部件的维护作业；由维修企业负责完成，车辆每行驶2000~3000km进行一次。

3. 二级维护

汽车二级维护是指除一级维护工作外，以检查、调整容易磨损、变形的安全部件为中心，并进行轮胎拆检、换位的维护作业。由维修企业负责完成，车辆每行驶15000~20000km进行一次。

4. 磨合期维护

汽车磨合期维护是指新车、大修车在磨合期内以清洁、润滑、紧固为中心内容的维护作业。由生产企业免费提供服务，车辆行驶1000~2500km后进行。

五、汽车维护周期

1. 维护周期的定义

维护周期是指同级维护之间间隔的里程或间隔的时间。

2. 维护周期的制定依据

（1）日常维护周期　GB/T 18344—2001《汽车维护、检测、诊断技术规范》规定的日常维护周期为出车前、行车中、收车后维护。

（2）一、二级维护周期　依据车辆使用说明书规定，结合汽车使用条件、使用强度等因素，由各省、市交通主管部门确定。

1）一级维护周期：2000~3000km（或六个月）或根据具体车型而定。

2）二级维护周期：15000~20000km。

六、汽车维护安全注意事项

1. 个人安全

（1）眼睛的防护　在汽车维护过程中会有意想不到的飞来物体或飞溅液体，在使用压缩空气、清洗剂等情况下应考虑佩戴防护目镜。

防护目镜

(2) 手的防护

1) 不得把手放到发动机传动带、排气管或发动机舱盖、门框等区域。

2) 戴防护手套。检查轮胎、排气管、车底安装件、冷却液等部位时需要戴防护手套。

防护服及防护手套

(3) 衣服、头发、物饰的保护 进行汽车维护必须穿合体的工作服并扣好衣扣,不戴手表或其他饰物,需穿防滑劳保鞋;长头发要扎起来并戴上帽子。

2. 工具及设备安全

1) 不使用损坏的工具,工具用完后应及时放回工具车并摆放好。

2) 不用工具代替撬棍。

3) 使用尖利的工具时,尖利一端不得朝向自己或其他人,举起工具的幅度不要过大以免伤人。

4) 设备在使用前要先检查其安全性能,不了解使用方法前不得操作工具和设备。

5) 使用千斤顶顶起车辆时,人不能进车底;使用举升机举升车辆时,必须先释放安全保险后才能到车底进行维护作业;千斤顶和举升机要按正确的规程操作。

6) 使用压缩空气时,不得把空气对着自己或其他人。

3. 用电安全

220V 或 380V 导线必须可靠绝缘;整理或收拾插座、电动工具时应先断开电源。

【思考与练习题】

一、填空题

1. 汽车维护是指（　　　　　　　　　　　　　　　　　　　　　　）。
2. 汽车维护制度贯彻（　　　　　　　　　　　　　　）的基本制度。
3. 汽车定期维护分为（　　　　）、（　　　　）、（　　　　）。

二、选择题

1. 日常维护由（　　）完成。
   A. 驾驶员　　　　　　　　　　B. 生产企业售后服务部
   C. 一般维修企业　　　　　　　D. 汽车检测站
2. 一级维护间隔里程一般为（　　）或六个月，以先到达的为准。
   A. 1000～1500km　　　　　　B. 2000～3000km
   C. 10000～15000km　　　　　D. 20000～30000km
3. 二维护间隔里程一般为（　　）。
   A. 1500～2000km　　　　　　B. 15000～20000km
   C. 2000～3000km　　　　　　D. 20000～30000km

三、判断题

1. 汽车定期维护的周期越短越好。　　　　　　　　　　　　　　　（　　）
2. 汽车定期维护包括磨合期维护、一级维护、二级维护。　　　　　（　　）
3. 汽车定期维护的间隔里程由车主自己决定。　　　　　　　　　　（　　）

四、简答题

1. 汽车维护的目的是什么？

2. 日常维护、一级维护、二级维护的主要内容是什么？

单元一　汽车维护常用工量具和设备的使用

项目一　常用工具的使用

【实训任务】
认识并正确使用汽车维护中常用的工具。
【实训要求】
操作方法正确、动作规范。
【实训对象】
扳手、螺钉旋具、钳子。
【实训场景】
汽车维护实训车间，配备多媒体教学设备、凳子、整车、工具车。

预备知识

一、汽车维护常用的工具

汽车维护常用的工具包括扳手、螺钉旋具、钳子。

二、常用工具的选用原则

（1）根据工作部位选用工具　首选套筒扳手，其次选用梅花扳手，最后选择呆扳手。

（2）根据工作速度选用工具　在窄小的空间旋转螺栓、螺母可选用套筒扳手。棘轮柄配合套筒使用，可以大幅度提高工作效率。

（3）根据扭矩的大小选用工具　需要时可选用长柄工具，但要注意用力不宜过猛。

三、操作注意事项

1）工具的规格必须与需要拆装的螺栓螺母规格大小一致。

2）要使用向内拉动或用手掌推动工具的方法拆装螺栓螺母（图1-1-1、图1-1-2）。

图 1-1-1　开口扳手的使用

图 1-1-2　梅花扳手的使用

任务实施

一、准备工作

1）整车两辆。

2）各种常用工具、工具车。

二、操作过程

1. 套筒扳手的使用

（1）操作步骤

1）选出合适的延伸杆套入扳手手柄。

2）选出与所拆螺栓或螺母规格一致的套筒套入延伸杆。

3）左手握住套筒手杆前端，右手握套筒杆后端手柄向内扳转。

（2）技术要求

1）应尽量用浅腔套筒（图 1-1-3），少用深腔套筒（图 1-1-5），因为深腔套筒容易使紧固螺栓、螺母滑扣；薄壁套筒不能作为冲击套筒使用。

2）棘轮手柄配合套筒使用时，应先用其他扳手把螺栓、螺母拧松后再使用棘轮扳手（图 1-1-4、图 1-1-6）。

图 1-1-3　薄壁、浅腔套筒

图 1-1-4　厚壁套筒

图 1-1-5　深腔套筒　　　　　图 1-1-6　组合工具

3) 紧固拧紧力较大的螺栓、螺母时，棘轮手柄只能用来预紧，不能作为最后紧固工具。

4) 使用棘轮手柄时，要朝自己方向用力拉动手柄（图1-1-7）。

图 1-1-7　套筒扳手的使用

2. 梅花扳手、呆扳手的使用（图 1-1-8、图 1-1-9）

（1）常用规格　8—10、9—11、12—14、13—15、14—17、17—19、22—24。

（2）操作方法　梅花扳手和呆扳手的操作方法分别如图1-1-8、图1-1-9所示。

图 1-1-8　梅花扳手的操作方法　　　　图 1-1-9　呆扳手的操作方法

（3）技术要求

1）扳手与所拆螺栓螺母规格要一致。

2）用拉力拆装时，拉力作用在开口较厚的一边，并顺时针拉动扳手。

3）用推力拆装时，用手掌力推动扳手，不能用握推的方法，以免弄伤手指。

3. 扭力扳手的使用

（1）刻度盘式扭力扳手的操作步骤

1）选出合适的延伸杆套入扭力扳手（图1-1-10）。

2）选出与所拆螺栓或螺母规格一致的套筒套入延伸杆。

3）扳手套入螺栓或螺母后，按规定的扭力往自己的方向顺时针拉动扳手手柄，使扳手的指针指在刻度盘上规定的扭力值即可，如图1-1-11所示。

图1-1-10　刻度盘式扭力扳手　　　　图1-1-11　刻度盘式扭力扳手的使用

（2）预置式扭力扳手的操作步骤

1）选出合适的延伸杆套入扭力扳手（图1-1-12）。

2）逆时针转动扳手的锁止装置使扳手解锁（图1-1-13）。

图1-1-12　预置式扭力扳手　　　　图1-1-13　扳手解锁与锁止

3）转动扳手手柄，根据需要使手柄上小数部分的数字刻线对齐杆身整数部分的数字刻线，使手柄前端的边缘与杆身上所需调整的扭力读数刻线贴合。如图1-1-14所示，预调的扭矩是 80N·m。

4）选出与所拆螺栓或螺母规格一致的套筒套入延伸杆后，再套入要紧固的螺栓或螺母，并调整好旋转方向，如图 1-1-15 所示。

图 1-1-14　扳手扭力调整

图 1-1-15　扳手转向调整

5）往自身方向拉动扳手手柄，听到扳手发出"滴答"一声后，停止拉动。

（3）技术要求

1）不能用预置式扭力扳手拆卸紧固的螺母或螺栓，否则会损坏扳手。

2）听到扳手发出"滴答"声后应立即停止拉动，否则会损坏扳手。

4. 气动冲击扳手的使用

（1）操作步骤

1）把空气压缩机的气压管与扳手（图 1-1-16）连接管连接起来。

2）按需要调整扳手的旋转方向。把方向旋钮从扳手的右侧向右侧推到底，则扳手的转子顺时针转动；把方向旋钮从扳手的右侧向左侧推到底，则扳手的转子逆时针转动。

3）选择合适的厚壁套筒装入扳手转子驱动杆（图 1-1-17），注意选用的套筒规格要与要拆装的螺栓或螺母的规格一致。

图 1-1-16　气动冲击扳手

图 1-1-17　气动扳手的套筒安装

4）调整扳手的转速。方向旋钮上有1、2、3、4四个挡位，调整时，把旋钮上各挡的刻度线对齐旋钮旁的刻度线即可。拆装轿车轮胎螺栓、螺母多用二挡或三挡。

5）把扳手上的冲击套筒套入要拆装的螺栓、螺母，按下气动开关即可。

（2）技术要求

1）使用气动冲击扳手时，要选用冲击套筒及其接杆。

2）检查扳手转向时不能装入套筒检查。

3）冲击扳手不能用来紧固关键零件，只能用来进行预紧。

4）使用时（图1-1-18），应一手抓住扳手前端，另一手抓住手柄，当扳手发出"嗒、嗒、嗒、嗒"的响声3~4声后应松开按钮，停顿一下再第二次按下按钮让扳手工作，否则容易损坏扳手。

图1-1-18　气动扳手的使用

5. 螺钉旋具和钳子

1）使用螺钉旋具（图1-1-19）时，不能把螺钉旋具当冲击螺钉旋具或撬棍使用。

2）使用钳子（图1-1-20）时，不能把钳子当铁砧或锤子使用。

图1-1-19　螺钉旋具　　　　　　图1-1-20　钳子

【项目工作页】

班　级	姓　名	项目名称	完成日期	成　绩	自我评价

工作项目	工作内容
常用工具的认识	汽车维护常用工具主要有：
常用工具的使用	使用常用工具时要注意的事项有：

项目二 常用量具的使用

【实训任务】

认识并正确使用汽车维护中常用的量具。

【实训要求】

操作方法正确,动作规范。

【实训对象】

轮胎气压表、电解液相对密度计、便携式折射计、万用表、轮胎胎纹深度规、指示表。

【实训场景】

汽车维护实训车间,配备多媒体教学设备、凳子、整车、工具车及相应的量具。

预备知识

一、汽车维护常用的量具

常用的量具有轮胎气压表、电解液相对密度计、便携式折射计、万用表、轮胎胎纹深度规、指示表,其中,万用表分为指针式万用表和数字式万用表。

二、量具使用的注意事项

1)测量时与工件接触应适当,不可偏斜,要避免用手触及测量面,注意保护量具。

2)测量力应适当,过大的测量压力会产生测量误差,容易对量具产生损伤。

3)量具的测杆要与工件垂直,否则测量不准确。

4)不可测量转动中的工件,以免发生危险。

5)不要将量具强行推入工件中使用。

6)不可任意敲击、乱放量具。

7)应遵照一定的方法和步骤使用量具。

任务实施

一、准备工作

1)整车两辆、轮胎四条、蓄电池四个。

2)常用量具、工具车、工作台。

二、操作过程

1. 轮胎气压表的使用（图 1-2-1 ~ 图 1-2-4）

（1）检查气压

1）用手压下气嘴锁夹。

2）把气门嘴套在轮胎气门上，如图 1-2-3 所示。

3）读出指针所指读数，如图 1-2-4 所示。气压不足的轮胎应进行充气。

图 1-2-1　轮胎气压表（一）　　　　　　图 1-2-2　轮胎气压表（二）

图 1-2-3　安装气压表气管夹具　　　　　图 1-2-4　气压表读数

（2）充气

1）把空压机气管接到打气枪的气管上，如图 1-2-5、图 1-2-6 所示。

图 1-2-5　安装打气枪快速接头　　　　　图 1-2-6　打气枪与气管的连接

2）用手压下气嘴锁夹，然后把气门嘴套入轮胎气门上。

3）使用气压表（图 1-2-7）核对轮胎的标准气压，一般标在驾驶员一侧轮胎上，如

图 1-2-8 所示。

图 1-2-7　以 bar 为单位的气压表

图 1-2-8　轮胎标准气压

4）压下气枪开关手柄，空压机即给轮胎充气。充气过程中，时刻注意轮胎气压情况，充气片刻应松开气枪开关手柄检查轮胎压力，直到达到标准压力值为止，如图 1-2-9 所示。

压力单位有 MPa（兆帕）、kPa（千帕）、kg（千克）、bar（巴）。

单位换算：1MPa = 1000kPa，1kg = 100kPa，1kgf/cm^2 = 1bar。

图 1-2-9　充气

2. 电解液密度计和便携式折射计的使用方法

电解液相对密度计如图 1-2-10 所示，便携式折射计如图 1-2-11 所示。

图 1-2-10　电解液相对密度计

图 1-2-11　便携式折射计

（1）电解液密度计的使用方法

1）捏住橡皮球，排出密度计内的空气，如图 1-2-12 所示。

2）把密度计吸管伸入蓄电池单格内，如图 1-2-13 所示。慢慢松开橡皮球使其吸入电解液，当电解液液面上升到玻璃管 2/3 位置时（图 1-2-14），完全松开橡皮球。

图 1-2-12　排空气

图 1-2-13　吸管伸入电池单格

3）把密度计轻轻提起到吸管将要离开蓄电池单格时，眼睛平视电解液液面（如图 1-2-15 所示），观察密度芯与液面对齐的刻线，读出该刻线的读数即为电解液相对密度值。

图 1-2-14　吸入电解液　　　　　　图 1-2-15　观察液面位置

 操作注意事项

电解液密度计为易碎品，使用中应小心轻放，使用后要把密度计内的电解液排净。

（2）便携式折射计的使用方法

1）打开折射计的玻璃防护罩（图 1-2-16）。

2）把玻璃擦拭干净后，用吸管吸一滴电解液或冷却液滴在折射计玻璃中间（玻璃应保持水平状态），从观察镜观察并读出与色带上边缘线贴合的刻线。线读数即为电解液的相对密度或冷却液冰点。

图 1-2-16　便携式折射计

3. 万用表的使用

（1）万用表的作用　用于测量电阻、电压、电流、电容、二极管、晶体管等基本参数。

（2）数字万用表的操作步骤

1）测量前的准备。熟悉万用表（图 1-2-17）的电源开关、量程开关及插孔的作用和使用中的注意事项。

2）电阻挡的操作步骤

① 把红表笔插入 VΩmA 插孔，黑表笔插入 COM 插孔。

② 把量程开关调到 Ω 挡合适的量程，具体的量程选用如下

a. 200Ω 量程：测量电阻值在 200Ω 以下的电器元件的电阻。

b. 2k 量程：测量电阻值大于 200Ω 而又小 2k 的电器元件的电阻。

c. 20k 量程：测量电阻值大于 2k 而又小于 20k 的电器元件的电阻。

d. 200k 量程：测量电阻值大于 20k 而又小于 200k 的电器元件的电阻。

e. 2M 量程：测量电阻值在 200k 以上的电器元件的电阻。

③ 将万用表红表笔、黑表笔分别接到待测电阻两端，显示屏即显示电阻的读数

图 1-2-17 数字万用的表结构

（图 1-2-18、图 1-2-19）。

图 1-2-18　测附加电阻　　图 1-2-19　测点火线圈电阻

> **使用电阻挡的注意事项**
>
> ① 不能用电阻挡测量电路的电压、电流，应先切断电路电源后再进行测量，否则会损坏万用表。
>
> ② 测量中，显示屏显示"1"表示所用量程太小，应选择更高的量程。

3）直流电压挡（V-）的操作步骤

① 把红表笔插入VΩmA插孔，黑表笔插入COM插孔。

② 把量程开关调到V挡合适的量程。具体的量程选用如下：

2V 量程用于测量 2V 以下的电源电压（如 1.5V 干电池）；

20V 量程用于测量 2~20V 的电源电压（如 6V、12V 蓄电池）；

200V 量程用于测量 20~200V 的电源电压（如 36V、48V 串联电池组）。

> 提示
> 不了解所测的电源电压范围时,应从最高量程开始测量,逐个量程进行测试。

③ 将红表笔接电源正极(+),黑表笔接电源负极(-),显示屏即显示电压的读数。

4)交流电压挡(V~)的操作步骤

① 把红表笔插入 VΩmA 插孔,黑表笔插入 COM 插孔。

② 把量程开关调到 V~挡合适的量程。

200V 量程用于测量 200V 以下的交流电;

500V 量程用于测量 200V~500V 的交流电(如 220V、380V 交流电)。

③ 将两支表笔与电源火线、零线分别相接(不分正负极),显示屏即显示电压的读数。

> 提示
> 不了解所测的电源电压范围时,应从最高量程开始测量,逐个量程进行测试。

> **使用电压挡的注意事项**
> 所用的量程要比待测的电源额定电压大,输入万用表的电压不能高于表上标出的最高量程。

5)直流电流挡(A-)的操作流程

① 把红表笔插入 VΩmA 插孔,黑表笔插入 COM 插孔。待测电源电流大于 200mA 的,把红表笔插入"10A"插孔,黑表笔继续插在 VΩmA 插孔中。

② 把量程开关调到 A 挡合适的量程。待测电流大于 200mA 时,用 10A 量程。

③ 把万用表两支表笔串接于待测电路中,显示屏即显示电流的读数。

> 提示
> 不了解所测电源电压的范围时,从最高量程开始测量,逐个量程进行测试。

(3)轮胎深度规的使用方法

1)操作步骤

① 测量前的准备:了解深度规色环上刻度标记的作用(图 1-2-20)。

② 把深度规垂直插入轮胎胎面沟槽。

③ 使深度规架的底部与胎面贴合,捏住并取出深度规,读出色环上三角标记"◀"对齐的刻线读数,该读数即为轮胎胎纹深度注意,要把读数的单位换算成 mm。

图 1-2-20 轮胎深度规

2)技术要求:深度规要垂直于待测部位的胎面,并且要完全插入胎槽底部。

【项目工作页】

班　级	姓　名	项目名称	完成日期	成　绩	自我评价

工作项目	工作内容
常用量具的使用	1. 汽车维护中的常用工具主要有哪些？ 2. 使用常用量具时，有哪些注意事项？

项目三 举升机的使用

【实训任务】
认识并正确使用举升机。
【实训要求】
操作方法正确、动作规范、安全。
【实训对象】
二柱式举升机、剪式举升机。
【实训场景】
汽车维护实训车间,配备多媒体教学设备、凳子、整车、二柱式举升机、剪式举升机。

预备知识

一、举升机的作用

举升机用来举升待修车辆,减轻工作强度,提高工作效率。

二、举升机的种类

举升机按结构不同可分为立柱式举升机、龙门式举升机、剪式举升机,其中立柱式举升机又分为单立柱式举升机、二立柱式举升机、四立柱式举升机;剪式举升机可分为大剪式举升机和小剪式举升机。各种举升机的样式如图 1-3-1 ~ 图 1-3-6 所示。

图 1-3-1 二立柱式举升机

图 1-3-2 龙门式举升机

图 1-3-3 小剪式举升机

图 1-3-4 单立柱式举升机

图1-3-5 四立柱式举升机

图1-3-6 大剪式举升机

三、举升机的结构

剪式举升机的结构如图1-3-7所示，主要由支撑板、底座、控制箱和安全保险装置等组成。

二立柱式举升机的结构如图1-3-8所示，主要由底座、立柱、举升臂、平衡块、油管、储油罐、液压泵、液压泵开关和液压泵释放杆组成。

图1-3-7 剪式举升机的结构

图1-3-8 二立柱式举升机的结构

四、操作举升机的注意事项

1）升降车辆时人员应离开车辆，操作人员要发出"升车请注意"、"降车请注意"的警示。

2）车辆被举升到所需高度后，必须按下自锁安全保险按钮，锁止举升机，并确保安全可靠后才可开始车底作业。

3）除车辆维护及小修项目外，其他烦琐笨重作业不得在举升机上操作。

4）举升机不得频繁升降。

5）升车时举升要平稳，降车时下降要缓慢。

6）有人在汽车内、外作业时严禁升、降举升机。

7）当发现操作机构不灵、电动机不同步、托架不平或液压油泄漏时，应及时报修，不得带病操作举升机。

8）车辆维护或检修作业完成后应清除杂物，清扫举升机周围场地以保持场地整洁。

9）定期（每半年）排除举升机油缸内的积水，并检查油量，油量不足时应及时加注相同牌号的液压油，同时应检查、润滑举升机传动齿轮及链条。

任务实施

一、准备工作

1）整车两辆。

2）各种常用工具、工具车。

二、操作步骤

1. 液压二柱式举升机的操作步骤

（1）操作前的准备

1）清除举升机周围妨碍作业的器具及杂物。

2）检查安全部件。

① 检查托臂锁止螺栓能否牢固锁止托臂（图1-3-9）。

图1-3-9　检查平衡块、锁止螺栓

② 检查平衡块是否损坏（图1-3-9）。
③ 检查两侧立柱紧固螺栓是否松动，立柱是否倾斜。
④ 检查液压油管、储油罐是否泄漏。
⑤ 检查液压泵电缆绝缘胶是否损坏。

（2）举升机空载试验

1）按下液压泵电源开关按钮，检查开关能否正常使用（图1-3-10）。

2）检查机械安全保险装置能否发出"咔嗒、咔嗒"的撞击声。

3）检查两侧托臂是否同步平稳上升；按下液压释放杆，检查安全装置能否牢固锁止托臂（图1-3-11）。

图1-3-10　检查液压泵电源开关　　　　图1-3-11　液压释放杆

（3）举升车辆

1）摆直两侧前后托臂，把待升车辆驶入举升机中间并调整举升重心至合适位置。

2）初步调整前后平衡块高度，使其前后、左右基本保持平衡。

3）把托臂推入车底，找到合适的举升点（离前、后轮20~35cm的车身底部凸沿或前、后横梁），调整前后平衡块高度，使平衡块定位槽对好凸沿。

4）按下电源开关，升起托臂，当平衡块恰好顶到车辆时，检查平衡块定位槽是否套入举升点凸沿，如没有套入则降下托臂进行微调。

5）待平衡块位置正确后，按下电源开关，将车辆升起大约1m的高度后，到车辆前部检查车身有无倾斜。

6）将车辆举升到合适高度后，松开电源开关，并按下液压释放杆，释放安全锁止装置。

（4）降下车辆

1）按下电源开关，将车辆升起少许后，快速拉、放一下安全装置释放钢索，释放安全锁止装置。

2）按下液压释放杆，将车辆缓慢降下，车辆完全平稳地落地后再松开液压释放杆。

（5）把托臂拉出摆直并将车辆驶离工位。

2. 剪式举升机的操作步骤

（1）操作前的准备

1）清除障碍物：清除举升机附近妨碍作业的器具及杂物。
2）检查安全部件
① 检查自锁安全保险是否有损坏、移位现象（图1-3-12）。

图1-3-12　检查自锁安全保险

② 检查电缆绝缘胶是否破损，支撑块是否损坏。
③ 将待举升车辆驶入举升机支撑板，使车辆重心位于举升机中心。
④ 安放并调整支撑块到车辆规定的举升点。
（2）举升并降下车辆
1）接通电源，按下举升机控制箱UP（升）按钮（图1-3-13），升起举升机，直到支撑块准备顶到车辆规定的举升点时再松开按钮，检查并微调支撑块的位置（图1-3-14）。

图1-3-13　控制箱控制按钮　　　　　　图1-3-14　安放支撑块

2）按下UP控制按钮，将车辆举升到1mm左右高度时松开UP按钮，并按下LOCK（锁）按钮，然后双手摇晃几下车身，检查车辆是否支撑平稳。

3）按下UP按钮继续举升车辆，至合适高度后，再次按下LOCK（锁）按钮，锁止举升机。

4）车辆维护或检修完毕后，按下DOWN（降）按钮降下车辆，直至车辆平稳停靠地面。

5）移走支撑块，并把车辆驶离举升工位。

【项目工作页】

班　级	姓　名	项目名称	完成日期	成　绩	自我评价

工作项目	工作内容
举升机的认识	1. 汽车用举升机的种类有哪几种？ 2. 举升机由哪些部件组成？
举升机的使用	操作举升机时，有哪些注意事项？

单元二　汽车油液的使用

项目一　发动机机油的使用

【学习任务】
1. 了解汽车用机油的作用和种类。
2. 掌握汽车用机油的选用原则及注意事项。

【学习要求】
能正确选用机油并对机油的质量进行检查。

【学习对象】
不同黏度及等级的机油。

【学习场景】
汽车维护实训车间，配备多媒体教学设备、不同黏度及等级的机油。

预备知识

一、机油的作用

1）润滑发动机运动件的摩擦表面。
2）清洗发动机运动件的摩擦表面。
3）冷却发动机运动件。
4）加强气缸的密封性。
5）防止机件生锈。

二、机油的分类

参照美国石油学会（API）和美国汽车工程师学会（SAE）对机油牌号的分类标准，我国把机油分为低温用油、高温用油、多级机油等三类。

1）低温用油：0W、5W、10W、20W、30W、40W、50W、60W。
2）高温用油：20、30、40、50、60。
3）多级机油：5W/30、10W/40、15W/40、20W/40、20W/20 等。

> 提示
> 带"W"的为冬季用机油；无"W"的为夏季用机油。多级机油冬夏通用。

汽油机机油有 SA、SB、SC、SD、SE、SF、SG、SH、SL 几个等级，越往后等级越高，等级越高油品品质越好（图 2-1-1～图 2-1-3）。

柴油机机油有 CC、CD、CD-Ⅱ、CE、CF-4 几个等级，越往后等级越高，等级越高油品品质越好。

> 提示
> 1）汽油机机油 SD 级以上是国产高级车用机油。
> 2）标有 SE/CC 字母的机油则为汽油、柴油机两用机油。

图 2-1-1　SF 15W—40 机油　　图 2-1-2　SM 5W—20 机油　　图 2-1-3　SL 5W—30 机油

三、机油的选用

1. 选用机油的重要性

机油相当于发动机的血液，选用更换是否正确直接影响发动机的工作性能是否良好和使用寿命能否延长。

2. 选用机油的原则

1）生产年份靠后的车辆，选用等级较高的机油。

2）有催化转换装置的车辆，按净化装置的类型选用适当级别的机油。

3）有废气再循环装置的车辆，选用 SE 级机油。

4）有曲轴箱强制通风装置的车辆，选用 SD 级机油。

5）没有装净化装置的车辆可选用 SC 级机油。

3. 选用机油的注意事项

1）汽油机用机油不能在柴油机上使用，标有通用标志的通用油才能互换使用；

2）尽量使用多级机油，多级机油可一年四季使用，黏性好，使用时间比较长；

3）尽量使用黏度低的机油；

4）根据发动机需要选择适用的机油；

5）应定期更换机油。新车磨合期一般为每 1000km 更换一次，磨合期过后每 5000km

（或6个月）更换一次。

任务实施

一、准备工作

准备不同黏度及等级的机油。

二、机油油质的检查步骤

1）抽出油尺。

2）滴一些机油（图2-1-4）在干净的玻璃上。

图2-1-4 检查油质

3）观察玻璃上机油的油色，或用手搓机油。

① 油色清澈：表示机油污染很小。多级机油加有添加剂会较快变黑，这是正常现象。

② 机油呈雾状：表示机油已被冷却液污染。

③ 机油呈灰白色：表示机油已被燃油污染。

④ 机油明显出现分层且上层油色变淡：表示添加剂失效。

⑤ 手心明显感觉有颗粒状的东西：表示机油中有较多的杂质。

【项目工作页】

班　　级	姓　　名	项目名称	完成日期	成　　绩	自我评价

工 作 项 目	工 作 内 容
机油的认识与选用	1. 机油有哪些作用？ 2. 标号 5W/20 的机油是什么类型的机油？ 3. 标有 SE/CC 字母的机油是什么类型的机油？ 4. 选用机油有哪些注意事项？ 5. 怎样判别机油的品质？

项目二　齿轮油的使用

【学习任务】
1. 了解汽车用齿轮油的作用和种类。
2. 掌握汽车用齿轮油的选用原则及注意事项。

【学习要求】
能正确选用齿轮油并对齿轮油的质量进行检查。

【学习对象】
不同黏度及等级的齿轮油。

【学习场景】
汽车维护实训车间，配备多媒体教学设备、不同黏度及等级的齿轮油（图2-2-1）。

图 2-2-1　齿轮油

预备知识

一、齿轮油的作用

齿轮油用于润滑手动变速器、主减速器和转向器中的齿轮，以减少摩擦、降低磨损、冷却部件，缓和振动及冲击，防止锈蚀，清洗摩擦件。

二、齿轮油的分类

1. 国外手动变速器用齿轮油的分类

（1）按美国工程师学会分类法分类

1）季节用齿轮油：分为 75W、80W、85W、90W、140、250 六个黏度等级。带"W"字母的为冬季用齿轮油，不带"W"的为夏季用齿轮油。

2）多级齿轮油：如 80W/90、85W/90 等。

（2）按美国石油学会标准及工作条件苛刻程度分类　分 GL-1、GL-2、GL-3、GL-4、GL-5、GL-6 六个等级。

2. 国内手动变速器用齿轮油的分类

1）按黏度分类有 70W、75W、80W、85W、90W、140、250 几个黏度等级。

2）按使用性能分类见表 2-2-1。

表 2-2-1　手动变速器用齿轮油的分类

我国汽车用齿轮油的分类	API 分类号
普通车辆齿轮油	GL-3
中负荷车辆齿轮油	GL-4
重负荷车辆齿轮油	GL-5

3. 自动变速器油的分类

自动变速器油又称液力传动油，专门用于自动变速器（AT）和无级变速器（CVT）。

1）按美国 PTF 分类法分为 PTF—1，PTF—2，PTF—3 几种。

2）国内分类：按 100℃ 运动黏度分为 6 号变速器油、8 号变速器油两种。国外、国内自动变速器油对应关系为 PTF—1 对应 8 号，PTF—2 对应 6 号。目前国内汽车的动力转向液大部分选用液力传动油。

三、齿轮油的选用

1. 手动变速器用齿轮油的选用原则

（1）按车辆使用说明书规定选用

（2）根据当地季节及气温条件选用　75W 适用 -40℃ 地区，80W 适用 -30℃ 地区，85W 适用 -20℃ 地区，90 号适用 -10℃ 地区，140 号适用 10℃ 地区，250 号适用 20℃ 地区。

（3）根据齿轮的类型及工况选用

1）工作条件缓和的螺旋锥齿轮主减速器、变速器，用 G-3 普通车用齿轮油。

① 对应黏度为 90 的，温度在 -10℃ 以上地区全年可用。

② 对应黏度为 80W/90 的，温度在 -30℃ 以上地区全年可用。

③ 对应黏度为 85W/90 的，温度在 -20℃ 以上地区全年可用。

2）工作条件准双曲面齿轮主减速器（如 EQ1090）或要求用 GL-4 的汽车，用 GL-4 中负荷车用齿轮油。

① 对应黏度为 90 的，温度在 -30℃ 以上地区全年可用。

② 对应黏度为 85W/90 的，温度在 -20℃ 以上地区全年可用。

3）工作条件苛刻的准双曲面齿轮主减速器（进口轿车或进口汽车），用 GL-5 重负荷车用齿轮油。

① 对应黏度为 90 的，温度在 -10℃ 以上地区全年可用。
② 对应黏度为 85W/90 的，温度在 -20℃ 以上地区全年可用。

2. 自动变速器油的选用原则

(1) 按车辆使用说明书的相关规定选用合适的品种（表 2-2-2）。

表 2-2-2　自动变速器油的选用

国外分类	国内分类	适用车型
PTF—1	8#	轿车、轻型货车
PTF—2	6#	越野车、货车
PTF—3		农业、工程机械用车

国外进口汽车一般使用 GMA 型、A-A 型、DEXRON 型自动变速器油，如通用公司生产的 DEXRON、DEXRON Ⅰ、DEXRON Ⅱ，福特公司生产的 E、F 型自动变速器油。

> **提示**
> 不同公司生产的自动变速器油不能混合使用，也不能错用，否则会出现不易换挡、换挡冲击或离合与变速器突然啮合现象。

(2) 按黏度选用

1) 6 号液力传动油：用于重型货车、载货汽车的液力变矩器（含工程机械传动系统）。

2) 8 号液力传动油：用于轿车、轻型客车的自动变速器。

四、齿轮油选用的注意事项

1) 要分清齿轮油的种类及使用级别。种类及使用级别不同，齿轮油的抗压性、黏度也不同。

① 啮合齿轮挤压力大的重负荷汽车齿轮用普通齿轮油，会使润滑油膜受破坏而造成润滑不良，加速齿轮的磨损。

② 啮合齿轮挤压力小的中、小负荷汽车齿轮用准双曲面重负荷齿轮油，会因为齿轮油中的防腐剂较多而出现腐蚀性磨损，造成不必要的损失。

2) 避免盲目使用黏度级别高的齿轮油。黏度级别越高并不表示润滑性就越好，黏度级别高，油的流动性便会下降，易造成齿轮润滑不良，这对高速车辆影响更大，因此应尽量选择多级齿轮油。

3) 不能将机油与齿轮油互换使用，由于两者黏度级别、所加添加剂不同，若将机油注入齿轮箱，会造成齿轮润滑不良而加快磨损；若将齿轮油加入发动机，会发生粘缸、抱瓦等机械故障。

4) 严禁用注入机油、汽油、柴油等方法对齿轮油进行稀释，以免破坏油质。

5) 应定期检查、更换齿轮油：车辆每行驶 10000km 应检查一次油位，若不足应及时添加；每行驶 30000~45000km 应换油一次。

任务实施

一、准备工作

1) 准备不同黏度及等级的齿轮油。
2) 丰田卡罗拉轿车、五菱之光汽车各一辆。

二、齿轮油油质检查的操作步骤

1. 检查手动变速器油油品

1) 拉出油尺或用手指捻少许齿轮油。
2) 滴数滴齿轮油在干净的玻璃上。
3) 观察玻璃上齿轮油的油色,或用手捻搓变速器油,检查油中有无颗粒。
① 呈褐色或黑色并有焦味:未定期换油导致油质变坏,应换油及滤清器。
② 有银白色金属颗粒:齿轮严重磨损,应换油及齿轮。
③ 油尺粘有胶状物:油已氧化,应换油及滤清器。
④ 正常手动变速器油的油质呈棕色、纯净、无气泡、无颗粒沉淀。

2. 检查自动变速器油油品

1) 拉出油尺或用手指捻少许变速器油。
2) 滴数滴齿轮油在一块干净的玻璃上。
3) 观察玻璃上变速器油的油色,或用手捻搓变速器油,检查油中有无颗粒。
① 呈褐色或黑色并有焦味:未定期换油导致油质变坏,应换油及滤清器。
② 呈乳白色:变速器的冷却器密封不好使冷却液渗入变速器,应换油及滤清器。
③ 有银白色金属颗粒:齿轮严重磨损,应换油及齿轮。
④ 有气泡:高压油路漏气使空气渗入,应换油及检修。
⑤ 油尺粘有胶状物:油已氧化,应换油和滤清器。
⑥ 正常自动变速器油的油质呈红色或粉红色、纯净、无气泡、无颗粒沉淀。

【项目工作页】

班　　级	姓　　名	项目名称	完成日期	成　　绩	自我评价
工作项目	工作内容					
齿轮油的认识	1. 齿轮油有哪些作用？ 2. 85W 是什么类型的齿轮油？ 3. 85W/90 是什么类型的齿轮油？					
齿轮油的选用	1. 选用齿轮油有哪些注意事项？ 2. 怎样判别齿轮油的油品质量？					

项目三　制动液的使用

> 【学习任务】
> 1. 了解汽车制动液的作用、种类。
> 2. 掌握汽车制动液的选用原则及注意事项。
>
> 【学习要求】
> 能正确选用制动液及对制动液的质量进行检查。
>
> 【学习对象】
> 不同质量等级、不同品种的制动液。
>
> 【学习场景】
> 汽车维护实训车间，配备多媒体教学设备，不同质量等级、不同品种的制动液。

预备知识

一、制动液的作用

制动液在制动系统中用来传递制动压力以制止车轮转动。

二、制动液的种类

1. 国外制动液的种类

常用的国外制动液可分为 DOT3、DOT4、DOT5 几种，数字越大制动液的级别就越高，DOT 是美国交通部的英文缩写，如图 2-3-1 ~ 图 2-3-3 所示。

图 2-3-1　DOT3 制动液　　图 2-3-2　DOT4 制动液　　图 2-3-3　DOT5 制动液

2. 国产制动液的种类

1）国产制动液根据回流平衡沸点不同，可分为JG0、JG1、JG2、JG3、JG4、JG5六个等级。数字越大，沸点越高，高温抗气阻性就越好，制动时安全性就越高。

2）根据原料不同，分为醇型、矿油型、合成型三个品种。

① 醇型特点：抗阻性、流动性较差，已停止使用。

② 矿油型特点：润滑性良好，无腐蚀性，对天然橡胶有膨胀作用。

③ 合成油特点：吸湿性强，用一段时间后会吸收较多水分。

合成油有4603、4603—1、4604几种。4603、4603—1常用于货车制动系统；4604常用于高级轿车及各类汽车制动系统。

> **提示**
> 制动液中如有水分会使沸点降低，容易沸腾产生气泡，降低制动效果，产生安全隐患，所以应定期更换制动液。

三、制动液的选用

1. 选用的重要性

制动液是制动系统传递制动力的介质，其品种、品质直接影响车辆的制动效果。制动液的选用是汽车维护的一项重要工作，关系到行车的安全性，因此，必须掌握制动液的选用方法。

2. 选用的原则

尽量选用沸点高、高温气阻性好的制动液。目前比较常用的是DOT3、DOT4、DOT5几种制动液，数字越大沸点越高，制动液就越能耐高温。部分车型推荐用的制动液型号及更换周期见表2-3-1。

表2-3-1　部分车型推荐用的制动液型号及更换周期

车　　型	更换周期	推荐型号
别克凯越	30000km/18个月（先到为准）	DOT3
大众帕萨特	24个月	DOT4
大众桑塔纳	50000km/24个月	DOT4
丰田卡罗拉	40000km/24个月	DOT5

四、选用制动液的注意事项

1）应保持制动液的清洁。在更换制动液时，应对制动液进行过滤，防止杂质进入制动系统。

2）已开封又长时间不用的制动液不能再使用。

3）制动液不能混合使用。存放时间不同、品质不同的制动液如混合使用会使制动液出现分层，影响制动效果，甚至失效。

4）制动液底部出现沉淀后，不应再使用。制动液有沉淀，说明制动液已进入杂质或变质。

5）制动液应密封存放，否则会使制动液吸入水分影响制动效果。

6）定期更换制动液。应参照车辆使用说明书对制动液进行定期更换，并清洗制动系统。

7）使用矿油型制动液前，应把制动系统普通橡胶件换成耐油型橡胶件，防止制动液的膨胀作用损坏橡胶件，使系统密封不严而吸入空气，影响制动效果。

任务实施

一、准备工作

1）准备不同黏度及等级的制动液数瓶。
2）丰田卡罗拉轿车、五菱之光汽车各一辆。

二、制动液油质检查的操作步骤

1）用吸管吸取少许制动液。
2）把制动液放在一个干净的白色碟子内（图2-3-4）。

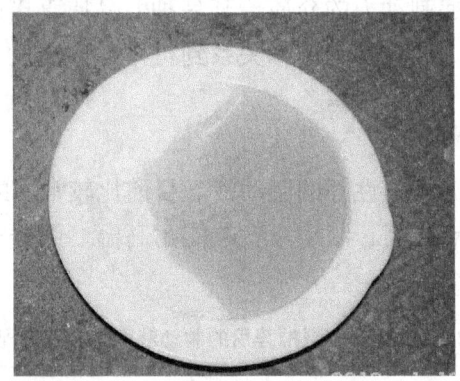

图2-3-4 检查制动液品质

3）观察碟子内制动液的油色，或用手捻搓制动液，检查油中有无颗粒。若制动液呈淡黄色或无色、纯净、无颗粒沉淀，则表示制动液正常；若制动液已变色或有杂质、沉淀物，则说明制动液品质变差，应更换。

【项目工作页】

班　　级	姓　　名	项目名称	完成日期	成　　绩	自我评价
工 作 项 目	工 作 内 容				
制动液的认识	1. 制动液有什么作用？ 2. DOT4、DOT5 是什么类型的制动液？ 3. 4603、4604 是什么类型的制动液？				
制动液的选用	1. 选用制动液有哪些注意事项？ 2. 怎样判别制动液的品质？				

项目四　冷却液的使用

【学习任务】
1. 了解汽车冷却液的作用和种类。
2. 掌握冷却液的选用原则及注意事项。

【学习要求】
能正确选用冷却液并对冷却液的质量进行检查。

【学习对象】
不同质量等级、不同品种的冷却液。

【学习场景】
汽车维护实训车间，配备多媒体教学设备，不同质量等级、不同品种的冷却液（图 2-4-1、图 2-4-2）。

图 2-4-1　长效防冻冷却液

图 2-4-2　全效防冻冷却液

预备知识

一、冷却液的作用

在发动机冷却系统中，冷却液用于吸收气缸及燃烧室周围的热量，使发动机工作温度保持在恒定范围。

二、冷却液的种类

1. 乙二醇—水型冷却液

乙二醇无色、微带黏性，沸点为 197.4℃，冰点为 -11.5℃，水与其混合后冰点会明显下降。乙二醇质量分数为 68% 时，冰点降到 -68℃，如超过该值，冰点则开始上升。乙二醇的吸水性强,因此应密封储存,以防冷却液液位上升溢出。

乙二醇沸点比水高,冷却液在使用过程中蒸发的是水,因此,平时液面下降后,加入纯净水即可。冷却液使用年限一般为3~5年。

2. 酒精—水型冷却液

酒精的沸点是78.3℃,冰点是-114℃,与不同比例的水混合可以得到不同冰点的冷却液。酒精含量高,冷却液冰点就低,反之,冰点就高。

冷却液中酒精的质量分数不能超过40%,否则容易产生酒精蒸气而着火。

酒精—水型冷却液冰点低,极限为-30℃,不宜在高寒地区使用。

3. 甘油—水型冷却液

该冷却液降低冰点的效率低,已很少使用。

三、冷却液的选用

(1) 根据环境温度选择冷却液冰点　冷却液冰点是冷却液重要的指标,选用时,冷却液的冰点一般要比当地冬季最低气温低10~15℃。

(2) 根据车型选择冷却液　一般情况下,中、高档车选用长效冷却液(2~3年);普通车在冬季使用防冻液,夏季直接使用纯净软水即可。

(3) 选用无溶胀和不会腐蚀冷却系橡胶管、橡胶垫的冷却液。

> 提示
>
> 现代车用冷却液是指在防冻液基础上添加防锈剂、防垢剂、防沸剂合成的具有防结冰、防沸腾、防锈蚀与水垢的冷却介质,并非单纯用作防结冰的防冻液。过去使用的水冷却液容易使散热器形成水垢,产生锈蚀,已被冷却液取代。

四、冷却液选用的注意事项

1) 冷却液和添加剂是有毒物质,应放置于小孩无法接触的场所。

2) 更换散热器、缸盖、缸垫时,应更换冷却液。

3) 当发动机温度很高时,不能打开散热器盖,否则散热器内的高温冷却液会喷出伤人。

4) 添加冷却液时,发动机应处于冷态,避免缸体由于高温突然遇冷而破裂。

5) 在气温较低的冬季,若遇到加入全部纯净水等紧急情况,则应尽快添加散热器补充液,以防结冰。

6) 冷却液的质量分数应低于60%。

任务实施

一、准备工作

1) 不同品牌的冷却液、防冻液数瓶。

2) 丰田卡罗拉轿车、五菱之光汽车各一辆。

二、给丰田卡罗拉轿车、五菱之光轿车选择适用的冷却液。

【项目工作页】

班　级	姓　名	项目名称	完 成 日 期	成　绩	自我评价

工作项目	工作内容
冷却液的选用	1. 冷却液有什么作用？ 2. 现代车用冷却液与防冻液有什么区别？ 3. 选用冷却液有哪些注意事项？

单元三　汽车日常维护与磨合期维护

项目一　日常维护

> 【实训任务】
> 1. 了解汽车日常维护的内容。
> 2. 掌握汽车日常维护的基本操作步骤与技术要求。
>
> 【实训要求】
> 能独立、正确地完成日常维护工作。
>
> 【实训对象】
> 　丰田卡罗拉轿车、五菱汽车发动机油液、底盘、车身部件、车身电器。
>
> 【实训场景】
> 　汽车维护实训车间，配备多媒体教学设备、卡罗拉轿车、五菱汽车、剪式举升机、车轮挡块、护套、护垫、相关工具及工具车。

预备知识

一、维护目的

使汽车保持正常的技术状况。

二、作业内容

1. 出车前的维护

1）清洗车辆。

2）检查发动机舱"五液"液位。

3）检查车窗玻璃升降器、后视镜调节装置。

4）检查车灯、喇叭、转向盘、座椅及安全带。

5）检查制动器、离合器踏板的行程和工作状况。

6）检查仪表显示状况。

7）检查车辆"三漏"情况。

8）检查车轮技术状况。

2. 行车中的检查

1）仪表显示状况。

2）底盘部件紧固情况。

3）停车检查全车有无"三漏"现象。

3. 收车后的维护

1）清洁车辆内部。

2）检查、紧固螺栓、螺母。

3）检查、补充发动机舱油液。

4）检查全车有无"三漏"现象。

5）检查轮胎技术状况。

任务实施

一、准备工作

1）卡罗拉轿车、五菱轿车各一辆。

2）世达组合工具一套、扭力扳手一把、直尺一把、抹布数块。

3）拉满驻车制动杆行程。

4）变速杆手柄置于 P 位置。

二、操作步骤

1. 出车前的检查维护

（1）清洁车辆　要求车容整洁，发动机及车身电路无冲洗弄湿现象。

（2）检查车轮

1）检查轮胎气压。要求胎压符合标准值。

2）检查并紧固车轮螺母、螺栓。要求螺母、螺栓紧固正常，扭矩符合《维修手册》规定。

3）检查轮胎沟槽，要求应无嵌入物、裂纹、鼓泡及异常磨损。

（3）检查车门螺母、螺栓、铰链　要求开、闭车门无阻滞、无异响，螺栓、螺母紧固正常。

（4）检查发动机舱油液液位

1）检查机油液位。要求油位在油尺 L~F 刻线之间，最好在刻线中间偏上位置。

2）检查冷却液液位。要求液位在储液罐 MAX~MIN 刻线之间，最好在刻线中间偏上位置。

3）检查喷洗液液位。要求液位在储液罐 MAX~MIN 刻线之间，可以加满储液罐。

4）检查制动液液位。要求液位在储液罐 MAX~MIN 刻线之间，最好在刻线中间偏上位置。

5）检查电解液液位。要求液位在单格 MAX~MIN 刻线之间，最好在刻线中间偏上位置。

（5）检查车窗玻璃升降器、后视镜调节装置　要求各装置齐全有效。

（6）检查车灯、喇叭、转向盘、座椅及安全带

1）检查前部车灯、后部车灯、车内灯。要求打开车灯开关后，各种车灯正常有效；打开点火开关，仪表警告灯正常点亮，起动发动机，仪表警告灯熄灭。

2）检查喇叭、转向盘。要求喇叭声音响亮、连续；转向盘无异常松动、摇摆，自由行程符合规定值。

（7）检查座椅　要求座椅螺栓、螺母紧固正常。

（8）检查安全带　要求安全带无裂纹，肩带导向装置工作正常，跨带带扣、扣环锁定牢固，收缩器锁止功能正常。

（9）检查制动器、离合器踏板　检查驻车制动杆行程及制动踏板、离合器踏板自由行程，要求符合《维修手册》规定值。

（10）检查车辆燃油油量　油表指针应指在红色警戒线以外。

（11）检查车辆是否漏油、漏水、漏电

1）起动发动机，检查发动机舱的机油、冷却液、制动液等油液是否泄漏，电路是否漏电。

2）检查车辆底部的制动液、燃油、变速器油等油液是否泄漏。

3）要求发动机舱及底盘无"三漏"现象。

2. 行车中的检查

1）检查仪表各种警告灯、指示灯是否正常点亮，燃油表、水温表、车速表等是否正常工作。要求警告灯、指示灯、燃油表、水温表、车速表工作正常有效。

2）仔细倾听发动机及车辆各运动件、紧固件是否有异响。要求运动件、紧固件无异响。

3）停车检查车轮紧固螺栓、螺母，各种外露螺栓、螺母是否松动。要求紧固件外露螺栓、螺母紧固正常。

4）停车检查。检查发动机舱的机油、冷却液、制动液等是否泄漏，电路是否漏电；车辆底部制动液、燃油、变速器油等油液是否泄漏。要求发动机舱及底盘无油液泄漏，电路无漏电现象。

3. 收车后的检查

（1）清洁车辆内部　用软布沾少许中性洗液剂，清洁仪表台、座椅、转向盘等部位后，再用干软布擦干净。要求车厢内部车容整洁。

（2）检查紧固螺栓、螺母　检查车轮、发动机等部件各种外露螺栓、螺母，要求紧固正常。

（3）检查、补充发动机油、液　检查发动机舱各油液液位、燃油油量，不足的应及时添加，北方冬季未加防冻液的车辆应及时放掉冷却系的冷却液，以防冻结。

要求发动机舱油液液位在油尺或储液罐规定液位线之间，燃油表指针指示警示线以外。

（4）检查全车有无"三漏"现象　检查发动机舱、汽车底部油液有无渗漏，电路有无漏电现象。要求无渗漏、无漏电现象。

（5）检查轮胎技术状况　检查轮胎气压是否充足，轮胎胎槽有无玻璃、石子等嵌入物。要求轮胎气压符合标准，胎槽无嵌入物。

【项目工作页】

班　级	姓　名	项目名称	完成日期	成　绩	自我评价

工作项目	工作内容
汽车日常维护作业	1. 车辆日常维护前应做哪些准备工作？ 2. 日常维护作业内容主要包括什么？

项目二　磨合期维护

> 【实训任务】
> 1. 了解汽车磨合期维护的内容。
> 2. 掌握汽车磨合期维护的基本操作流程与技术要求。
>
> 【实训要求】
> 能独立、正确地完成磨合期维护操作。
>
> 【实训对象】
> 机油滤清器、燃油滤清器、空气滤清器、蓄电池、发动机舱油液、车身电器、制动器、离合器踏板、轮毂紧固螺母、底盘各连接部件的螺栓和螺母。
>
> 【实训场景】
> 汽车维护实训车间，配备多媒体教学设备、卡罗拉轿车、五菱汽车，剪式举升机，车轮挡块、护套、护垫、世达组合工具及工具车，机油滤清器扳手、直尺、气缸压力表、扭力扳手、竹刮刀。

预备知识

一、维护目的

防止汽车过早出现损伤或机械事故，保证车辆顺利完成磨合，从而达到良好的运行速度，投入正常运行。

二、作业内容

1）检查全车油液液位及油液是否渗漏并视情况更换。
2）清洁车身及机油滤清器、燃油滤清器、空气滤清器、蓄电池，并视情况更换。
3）检查、调整车身电器、制动器及离合器踏板行程。
4）检查、润滑全车润滑点。
5）检查、紧固全车主要安全部件的外露螺母和螺栓。

任务实施

一、准备工作

1）拉满驻车制动杆行程。
2）变速杆手柄置于 P 位置。
3）放置车轮挡块。

4）安装三件套及翼子板布、前格栅布。

二、操作过程

1. 磨合前期的维护作业

1）清洗全车。

2）检查发动机运转情况，若有异响，则检查原因并加以排除。

3）检查机油、制动液、冷却液、喷洗液、电解液、转向助力液、齿轮油的液位和品质，视情况进行添加或更换。

4）检查各部位油液有无渗漏现象。

5）检查各部件的连接及紧固情况。

6）检查变速器各挡是否正确结合。

7）检查制动器制动效果是否良好，若效果不好应查明原因并加以排除。

8）检查车辆内外车灯及其他信号装置是否齐全有效，若有问题应查明原因并加以排除。

9）检查转向机构各部件有无异常松动和卡滞现象。

2. 磨合中期的维护作业（行驶500km左右时进行）

1）更换机油及机油滤清器，清洗发动机润滑系统及油底壳。

2）检查各部位油液，如有渗漏，则查明原因并加以排除。

3）按规定扭力检查缸盖、排气管、车轮的螺栓和螺母情况，如有异常松动则加以紧固。

4）检查、调整离合器踏板自由行程。

5）检查制动器制动效果是否良好、制动系统各处是否渗漏，必要时可进行调整紧固。

3. 磨合后期的维护作业

1）检测气缸压力，清除燃烧室积炭。

2）更换机油及机油滤清器。

3）清洗变速器、驱动桥、转向器并更换润滑油。

4）检查、调整制动器、离合器踏板自由行程。

5）按规定扭力检查缸盖、排气管、车轮的螺栓和螺母情况，如有异常松动则加以紧固。

6）按规定扭力检查、紧固底盘各连接部件的螺栓和螺母。

【项目工作页】

班　级	姓　名	项目名称	完 成 日 期	成　绩	自我评价
工作项目	工作内容				
汽车磨合期维护作业	1. 车辆磨合期维护的目的是什么？ 2. 车辆磨合期维护前应做哪些准备工作？ 3. 磨合期维护作业的主要内容包括哪些？				

单元四　汽车一级维护

项目一　清　洁　作　业

【实训任务】
1. 了解清洁作业的内容。
2. 掌握汽车清洁作业的方法及要求。

【实训要求】
能独立正确地完成清洁作业操作。

【实训对象】
发动机舱、空气滤清器、空调滤清器、燃油滤清器、机油滤清器、车身。

【实训场景】
汽车维护实训车间，配备多媒体教学设备、五菱汽车、卡罗拉整车，剪式举升机、车轮挡块、三件套、抹布。

预备知识

一、作业目的

保持车容整洁、车况良好，避免损伤，保证汽车顺利工作以提高汽车工作性能。

二、作业内容

1) 发动机舱的清洁。
2) 空气滤清器的清洁。
3) 空调滤清器的清洁。
4) 机油滤清器的清洁。
5) 燃油滤清器的清洁。
6) 蓄电池的清洁。

7）汽车内外车身的清洁。

任务实施

一、准备工作

1）将汽车停放于平坦场地上，在前、后车轮外垫上车轮挡块。
2）拉起发动机盖释放杆。将变速杆置于 P 位置。
3）打开发动机机舱盖。
4）安装车内三件套，安放翼子板布、前格栅布。

二、操作过程

1. 发动机舱的清洁

用高压气对发动机舱内的灰尘进行清洁，保证发动机舱的洁净。

2. 空气滤清器的清洁

1）打开空气滤清器外壳，取出滤清器滤芯（图 4-1-1），使用吹尘枪从滤芯的内侧向外侧吹入压缩空气，清除滤芯的灰尘（图 4-1-2），并用抹布清洁滤清器罩。

2）检查空气滤清器滤芯上的橡胶密封层，确保其没有裂纹或者其他损坏后，装上滤清器罩并锁上锁止夹。

图 4-1-1　取出空气滤清器　　　　图 4-1-2　清除滤芯的灰尘

3. 空调滤清器的清洁

打开空调滤清器外壳，取出滤清器滤芯，用压缩空气把滤芯表面的灰尘吹干净即可。

4. 机油滤清器的清洁

（1）操作步骤

1）用机油滤清器专用扳手拧松并卸下机油滤清器，倒出机油滤清器内的机油。
2）用柴油对机油滤清器内部进行重复、多次清洗。
3）用压缩空气将机油滤清器吹干净，在滤清器密封圈上均匀涂上干净的新机油后，用手把滤清器装入安装座，待密封圈刚好贴合安装座后，用专用工具拧紧 3/4 圈即可（图 4-1-3）。

（2）技术要求　滤清器应保持干净无渗漏。

5. 燃油滤清器的清洁

（1）操作步骤

1）选择合适工具，拆下燃油滤清器（图4-1-4），将其进出油口用手堵住并摇动，倒出内部燃油，如此操作两三次即可。

图4-1-3　安装机油滤清器

图4-1-4　拆卸燃油滤清器

2）用压缩空气将燃油滤清器清洁干净并装好。

（2）技术要求　拆卸燃油滤清器时，应先起动发动机，再拔下油泵保险，让发动机自行熄火，释放系统压力，以免燃油喷出伤人。

6. 蓄电池的清洁

（1）操作步骤

1）用抹布对蓄电池表面进行清洁（图4-1-5）。

2）用细砂纸对蓄电池的极柱进行清洁。

图4-1-5　蓄电池

（2）技术要求　蓄电池表面应整洁干净。

7. 汽车内外车身的清洁

（1）操作步骤（图4-1-6）

1）车身外部清洁

① 将高压水枪调至较低压力状态，对车身进行冲洗。

② 把高压水枪调至高压状态，由上至下，由前至后对车身进行冲洗。

③ 喷洒洗车液，用湿海绵对车身均匀地进行涂抹。

④ 用干净的软布由前至后把车身擦拭干净。

2）车身内部清洁

① 用软布蘸少许中性洗涤剂后，对车内的仪表、仪表板、烟灰缸等部位进行擦拭。

② 用半干湿的软布把清洁过的部位擦拭干净。

（2）技术要求　应保持车内、外车容整洁。

图4-1-6　清洁车身的流程

项目二　润滑和补给作业

【实训任务】
1. 了解润滑、补给作业的内容。
2. 掌握汽车各总成的润滑和补给作业的操作方法及技术要求。

【实训要求】
能独立、正确地完成润滑和补给作业的操作。

【实训对象】
发动机润滑油、冷却液、制动液、玻璃清洗液、转向助力液。

【实训场景】
汽车维护实训车间，配备多媒体教学设备、五菱汽车、卡罗拉整车、剪式举升机、车轮挡块、三件套、抹布。

预备知识

一、润滑与补给的目的

汽车的工作环境比较恶劣，长期在此环境下工作将导致汽车性能下降甚至损坏。为了使汽车工作稳定，并保证其工作的可靠，在汽车每行驶一定里程或时间后就应对其进行润滑、检查与补给作业，以减少机件磨损，提高行车的安全性。

二、作业内容

1. 检查、补充发动机机油
2. 检查、补充冷却液
3. 检查、补充制动液
4. 检查、补充玻璃清洗液
5. 检查、补充转向助力液
6. 检查变速器油
7. 检查驱动桥油

任务实施

一、准备工作

1. 拉起驻车制动器。
2. 变速杆拨至 N 或 P 位。

3. 打开发动机舱盖。

4. 安装车内三件套，安放翼子板布、前格栅布。

二、操作过程

1. 检查、补充发动机机油

抽出机油尺，检查机油液位是否在 L～F 刻度线之间（图 4-2-1），若油液偏少则进行添加。

2. 检查、补充冷却液

1）检查冷却液液位，冷却液液位应在 MAX 和 MIN 之间，若低于 MIN 线，则应补充冷却液。如果冷却液变得污浊或充满水垢，则应进行更换（图 4-2-2）。

图 4-2-1　检查机油液位　　　　图 4-2-2　检查冷却液液位

2）补充冷却液，待发动机冷却后，将散热器盖打开，添加冷却液至规定位置。

3. 检查、补充制动液

用手轻轻拍动制动液储液罐，观察制动液液位是否在 MAX～MIN 刻度线之间（图 4-2-3），若不足则应及时添加。

4. 检查、补充玻璃喷洗液

打开玻璃喷洗液储液罐盖子，拉出检测尺检查或观看液面（图 4-2-4），若喷洗液不足则应添加。

图 4-2-3　检查制动液液位　　　　图 4-2-4　检查玻璃喷洗液液位

5. 检查、补充转向助力液

（1）操作步骤

1）拧开转向器助力液罐盖子，拉出油尺检查液位是否在上下刻度线中间位置，若偏低则添加至标准位置。

2）观察转向助力油管，检查油管接口是否有泄漏现象。

（2）技术要求　液位应符合标准，管路无渗漏现象。

6. 检查变速器油

（1）操作步骤

1）拧下油位检查孔螺塞（图4-2-5），检查油位是否达到规定油位，油位应不低于孔边15mm。伸入手指，一节手指应碰到油面。

2）观察变速器壳接合部及排放螺塞接合面，检查有无油液渗漏现象。

（2）技术要求　油位应符合标准，变速器壳接合部、排放螺塞接合面无渗漏现象。

7. 检查驱动桥油

（1）操作步骤

拧下油位检查孔螺塞（图4-2-6），检查油位是否离检查孔边5~15mm。伸入一节手指，手指应碰到油面，若油量不足则应补充齿轮油到规定位置。

图4-2-5　检查变速器油　　　　　图4-2-6　检查驱动桥油

（2）技术要求　油位应符合标准，变速器壳接合部、排放螺塞接合面无渗漏现象。

8. 检查轮胎气压

使用气压表进行测量（图4-2-7），气压应符合标准值。

9. 润滑车门

1）操作方法：打开各车门，清洁车门铰链并在车门铰链上涂上润滑油（脂）（图4-2-8）。

2）技术要求：涂润滑油不宜过多，在涂好后应开、关车门多次使润滑油均匀分布。

图4-2-7　检查轮胎气压　　　　　图4-2-8　润滑车门铰链

项目三　检查、调整及紧固作业

【实训任务】
掌握检查、紧固作业的内容、检查方法和技术要求。

【实训要求】
能独立、正确地完成一级维护作业中的检查及紧固作业。

【实训对象】
车灯、玻璃喷洗器、刮水器、喇叭、转向盘、驻车制动器、行车制动器、车身内外部件、汽车底部、发动机舱。

【实训场景】
汽车维护实训车间，配备多媒体教学设备、五菱汽车、卡罗拉整车、剪式举升机、车轮挡块、三件套、抹布、世达组合工具、扭力扳手。

预备知识

一、检查目的

汽车行驶一定里程后，汽车各总成及零部件会松动、磨损，技术状况变差，通过检查可以了解汽车安全部件的工作状况，发现和消除故障隐患，确保行车安全。

二、操作内容

1）检查车灯。
2）检查玻璃喷洗器和刮水器。
3）检查喇叭和转向盘。
4）检查驻车制动器和行车制动器。
5）检查车身内外部件。
6）检查汽车底部油液泄漏情况及螺母、螺栓紧固情况。
7）检查发动机舱各部件。
8）恢复清洁。

任务实施

一、准备工作

1）拉起驻车制动器，并将变速杆拨至 N 或 P 位。
2）安装好车内三件套、车外翼子板布和前格栅布。

二、操作过程

1. 检查车灯

（1）操作步骤

1）检查车辆前部车灯（图4-3-1）：检查示宽灯、雾灯（检查雾灯要先打开示宽灯）、远光灯、远光指示灯、近光灯、转向信号灯、危险报警闪光灯是否点亮。

2）检查车辆后部车灯（图4-3-2）：检查示宽灯、牌照灯、转向信号灯、危险报警闪光灯、制动灯、倒车灯是否点亮。检查转向信号灯时，转向盘往相反方向转动，以检查转向信号灯开关的自动回位功能是否正常。

（2）技术要求　各照明灯、信号灯、指示灯、警告灯、危险报警闪光灯、牌照灯、示宽灯均应正常有效。

图4-3-1　车辆前部车灯

图4-3-2　车辆后部车灯

2. 检查玻璃喷洗器和刮水器

（1）操作步骤

1）检查玻璃喷洗器：往后上方轻轻拉动喷洗开关（图4-3-3），检查喷水压力、喷射位置是否正常。

图4-3-3　打开玻璃喷洗器和刮水器开关

2）检查刮水器：开关往上拨，检查各挡功能、刮拭效果、复位功能是否正常。

（2）技术要求　玻璃喷洗器、刮水器工作应正常有效。

3. 检查喇叭和转向盘

（1）操作步骤

1）在转向盘转动一周的同时（图4-3-4），按压喇叭按钮，检查喇叭音量、音调是否正常稳定（图4-3-5）。

图 4-3-4　检查转向盘　　　　　图 4-3-5　检查喇叭音量、音调

2）上下、左右晃动转向盘，试转转向盘。

（2）技术要求

喇叭音量、音调应正常有效，转向盘应无异常松动、摆动。

4. 驻车制动器和行车制动器的检查

（1）操作步骤

1）检查驻车制动器的指示灯。

2）拉起驻车制动杆，检查制动杆行程（图4-3-6）。

3）踩下行车制动器制动踏板，检查踏板是否异常松动、有异响，能否完全踩下（图4-3-7）。

图 4-3-6　检查驻车制动器　　　　图 4-3-7　检查行车制动踏板

4）测量行车制动器制动踏板的自由行程。

（2）技术要求　驻车制动器制动杆和行车制动器制动踏板行程应符合《维修手册》规定，应无异响和异常松动。

5. 车身内外部件的检查

（1）操作步骤

1）检查座椅：前后推动座椅，检查座椅螺栓紧固情况，如图4-3-8所示。

2）检查安全带：观察肩带、胯带是否划伤、损坏；带扣、扣环和导向装置锁止功能是否正常（图4-3-9）。前后安全带检查方法相同。

图4-3-8　检查座椅　　　　　　图4-3-9　检查安全带

3）检查车门：上下推拉车门，检查铰链的固定状况（四门相同），如图4-3-10所示。

4）检查行李箱盖：摇晃行李箱盖连接杆，检查螺栓和螺母紧固情况，如图4-3-11所示。

图4-3-10　检查车门　　　　　　图4-3-11　检查行李箱盖

5）检查发动机舱盖：摇晃机舱盖连接杆，检查螺栓和螺母紧固情况，如图4-3-12和图4-3-13所示。

图4-3-12　检查发动机舱盖（五菱）　　图4-3-13　检查发动机舱盖（丰田）

（2）技术要求　座椅、车门紧固应正常，安全带无划伤损坏，锁止装置正常有效。行李箱盖、发动机舱盖的螺栓和螺母紧固正常。

6. 汽车底部油液泄漏情况的检查

（1）操作方法　目视发动机机油、变速器油、转向助力液、制动液、减振油、燃油是否泄漏，如图 4-3-14 所示。

图 4-3-14　汽车底部泄漏检查

（2）技术要求　汽车底部无油液渗漏痕迹。

7. 汽车底部螺母、螺栓紧固情况的检查

（1）操作步骤　检查悬架、横梁、下臂、转向连接机构、驱动轴、车身、排气管、制动器、附件支架等外露螺母、螺栓，如图 4-3-15 和图 4-3-16 所示。

图 4-3-15　减振器、制动卡钳螺栓　　图 4-3-16　下臂螺栓

（2）技术要求　汽车底部螺栓、螺母紧固正常，拧紧力矩符合《维修手册》的规定，如图 4-3-17 所示。

图 4-3-17　横梁螺栓

8. 发动机舱螺栓、螺母的检查

（1）操作步骤　检查前减振上支撑紧固螺栓、螺母及发动机连接螺栓、螺母是否松动。

（2）技术要求　紧固螺栓、螺母的拧紧力矩应符合《维修手册》的规定。

9. 检查车轮紧固螺母

技术要求：拧紧力矩符合《维修手册》的规定（图 4-3-18）。

图 4-3-18　检查车轮螺母

10. 恢复清洁

（1）操作步骤

1）拆卸车外翼子板布、前格栅布。

2）清洁车身外部和车身内部。

3）拆卸车内三件套。

（2）技术要求　不能损坏护套和护垫。

【项目工作页】

班　　级	姓　　名	项目名称	完成日期	成　　绩	自我评价
工作项目	工　作　内　容					
汽车日常维护作业	1. 车辆在一级维护前应做哪些准备工作？ 2. 一级维护作业的主要内容包括哪些？				

单元五　汽车二级维护

项目一　油液的检查和补给作业

【实训任务】
1. 了解检查的内容和润滑的部位。
2. 掌握检查、补给、润滑作业的操作方法及要求。

【实训要求】
能够独立、正确地完成整车的检查、补给和润滑作业。

【实训对象】
机油及机油滤清器、冷却液、制动液、转向助力液、变速器油、驱动桥油。

【实训场景】
汽车维护实训车间，配备多媒体教学设备、五菱汽车、举升机、车轮挡块、三件套、前格栅布、翼子板布、抹布、机油（一瓶）、漏斗（一个）、机油回收桶（一只）。

预备知识

一、检查目的

防止汽车零部件因缺少油液工作而加速磨损或变形，延长车辆零部件的使用寿命，确保行车安全。

二、作业内容

1）检查、更换发动机机油及机油滤清器。

2）检查、补充转向助力液。

3）检查、补充冷却液。

4）检查变速器油。

5）检查、补充制动液。

6)检查、补充驱动桥油。

7)检查、补充玻璃洗涤液。

三、操作注意事项

1)三件套为易损件,安装时要防止撕破。

2)不要随意进入车内起动发动机。

3)进车辆前要安放好车轮挡块。

4)不能随意按举升机的操纵开关。

任务实施

一、准备工作

1)将汽车停放于平坦场地上,在前轮或后轮处放置车轮挡块。

2)拉满驻车制动杆行程,将变速杆置于 P 位,拉起发动机舱盖释放杆。

3)安装车内三件套,安放翼子板布、前格栅布。

二、操作过程

1. 检查、更换发动机机油及机油滤清器

(1)更换目的 确保发动机运转时能获得足够数量、清洁的润滑油,防止发动机因缺油或油质下降而出现发动机过热、拉缸、功率下降现象。

(2)操作步骤

1)检查机油液位和油质。

2)起动发动机,让发动机预热 2~3min 后熄火。在此期间,可进行其他项目的检查。

3)举升车辆至适合工作高度。

4)拆下机油排放螺塞(图 5-1-1),把机油排入机油回收桶,在此期间可以进行油液渗漏的检查。

图 5-1-1 拆卸机油排放螺塞

5）待机油排放完毕，用专用工具把机油滤清器拆卸下来，并把安装座擦拭干净。

6）在新机油滤清器密封圈上抹上新机油后（图5-1-2），把机油滤清器装入安装座使密封圈刚好贴合安装座，用专用工具把机油滤清器拧紧3/4圈即可。

图5-1-2　在新机油滤清器上抹新机油

7）更换排放塞垫片，把排放塞装上，用工具拧至规定力矩。

8）降下车辆，按标准量添加机油，5min后抽出油尺检查机油液位，如液位偏低则补充至合适液位。

（3）技术要求

1）排放机油时，要打开机油加注口盖。

2）机油加注量要符合规定，应每行驶5000km即更换机油及机油滤清器。

3）紧固机油滤清器时，不能超过规定的圈数。

2. 检查并补充冷却液

（1）检查目的　为确保有足够的冷却液，保证发动机能正常运转，防止发动机散热不良而出现过热、功率下降，甚至造成机件损坏现象，当冷却液不足时应及时添加（冷却液一般呈红色或绿色）。

（2）操作步骤

1）用手轻拍储液罐（图5-1-3、图5-1-4），观察冷却液液面，如低于MIN刻线，则应及时添加。如冷却液污浊或充满水垢，则应更换冷却液并清洗冷却系统。

图5-1-3　五菱车冷却液储液罐　　　图5-1-4　卡罗拉轿车冷却液储液罐

2）技术要求：液面应在 MAX～MIN 刻线范围内。

3. 检查并补充制动液

（1）检查目的　防止出现制动液减少使车辆制动效果下降，甚至制动失灵，造成车辆运行时存在安全隐患或产生安全事故。制动液颜色一般呈淡黄色，更换周期一般为两年或行驶 40000km。

（2）检查内容　包括液位和品质检查。

（3）操作方法　用手轻轻拍动制动液储液罐（图 5-1-5、图 5-1-6），观察冷却液液位是否在 MAX～MIN 刻度线之间，不足时应及时添加。目视制动液是否脏污，若脏污，则应及时更换。

图 5-1-5　五菱汽车制动液储液罐　　图 5-1-6　卡罗拉轿车制动液储液罐

（4）技术要求　液位应在 MAX～MIN 刻度线之间，最好在中间偏上位置。每行驶 10000km 或半年检查一次，每行驶 40000km 或 2 年更换一次。

4. 检查并补充玻璃喷洗液

（1）检查目的　了解喷洗液液位，以便及时添加，保证风窗玻璃清洗所需的清洗液。

（2）检查方法　轻轻拍打储液罐，观察清洗液液位是否在规定范围内，可加满储液罐（图 5-1-7、图 5-1-8）。

图 5-1-7　检查五菱车玻璃洗涤液　　图 5-1-8　卡罗拉轿车玻璃洗涤液储液罐

（3）技术要求　液位要在刻度线范围内，如液位偏低则应添加。

5. 检查并补充转向助力液

（1）检查目的　了解转向助力液液位以便及时添加，保证转向系统正常工作运行。

（2）操作步骤

1）打开转向助力油罐的端盖。

2）取出油尺，观察油液位是否在上下刻线之间位置，如偏低则添加到标准位置。

3）检查转向助力液管路是否有泄漏。

（3）技术要求　液位标准应在刻度线中间位置，管路无泄漏现象，油质良好；每行驶 10000km 或 6 个月应检查一次。

6. 检查变速器油

（1）检查目的　了解变速器液位及油液质量，以便及时添加或更换，保证变速器内的齿轮润滑充分，防止齿轮过早磨损。

（2）检查内容　包括油位和油质检查。

（3）操作步骤

1）检查手动变速器油

① 拧下油位检查孔螺塞，如图 5-1-9 所示。

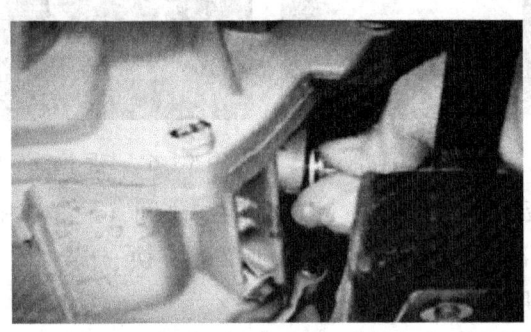

图 5-1-9　检查手动变速器油

② 从检查孔伸入手指，检查油位是否达到规定油位，油位应不低于孔边 15 mm 或一节手指应能碰到油面（图 5-1-10）。如油量不足，则应补充变速器油。

图 5-1-10　检查手动变速器油油位

③ 用手搓变速器油，检查油中有无颗粒物，闻变速器油有无焦味，如有颗粒物搓手或焦味则应进行更换。

2）检查自动变速器油（图 5-1-11）

图 5-1-11　自动变速器油位标准

① 起动发动机。

② 把变速杆从 P 位拉到 B（或 L）位，再从 B（或 L）位拉回 P 位。

③ 拉出变速器油油尺，观察液位是否在"热"（HOT）范围内，如图 5-1-11 所示。

（4）技术要求　液位应在规定范围内，油质良好、无焦味。每行驶 40000km 检查更换一次变速器油（自动变速器油一般每行驶 80000km 更换一次）。

7. 检查驱动桥油

（1）检查目的　防止驱动桥齿轮液位偏低造成润滑不良，使齿轮加速磨损。

（2）操作步骤

1）拧下油位检查孔螺塞。

2）从检查孔伸入手指，检查油位是否达到规定油位，油位应不低于孔边 15mm 或一节手指应能碰到油面，如图 5-1-12 所示。如油量不足，则应补充齿轮油。

（3）技术要求　油位在《维修手册》规定范围内，每行驶 20000km 应检查一次，每行驶 40000km 更换一次。

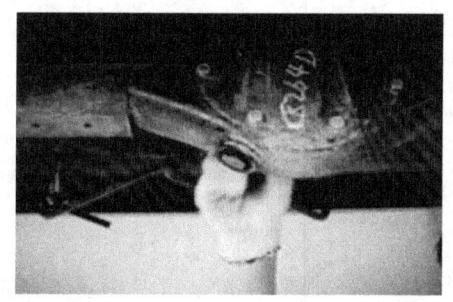

图 5-1-12　检查油驱动桥油油位

> **注意事项**
>
> 1）补充或更换机油时，应注意机油的牌号。
>
> 2）补充冷却液时，要等待发动机冷却后再打开散热器盖，以防烫伤或引起缸体、缸盖变形。

8. 润滑作业

用润滑油（脂）对车门铰链、发动机舱盖、行李箱盖等绕轴转动或滑动的全车部件进行润滑。要求润滑油（脂）不宜过多，反复转动（或滑动）数次润滑部件，让润滑油（脂）均匀分布。

【项目工作页】

班　级	姓　名	项目名称	完成日期	成　绩	自我评价
工作项目	工作内容					
汽车日常维护作业	1. 检查、补给、润滑作业的内容有哪些？ 2. 检查、补给、润滑作业的技术要求包括哪些内容？				

项目二　车身电器、转向盘、制动器的检查及调整作业

> 【实训任务】
> 1. 了解车灯、喷洗器、刮水器、喇叭、转向盘、制动器的检查及调整内容。
> 2. 掌握车灯、喷洗器、刮水器、喇叭、转向盘、制动器的检查及调整操作方法、技术要求。
>
> 【实训要求】
> 1. 能独立、正确地完成车灯、喷洗器与刮水器、喇叭、转向盘的检查及调整作业。
> 2. 能独立、正确地拆装车轮、制动器并完成对其的检查及调整作业。
>
> 【实训对象】
> 车灯、制动器、喇叭、转向盘。
>
> 【实训场景】
> 汽车维护实训车间，配备多媒体教学设备、五菱汽车、卡罗拉轿车、车轮挡块、三件套、抹布、直尺、手电筒、世达组合工具、游标卡尺、外径千分尺、指示表。

预备知识

一、检查目的

了解汽车车灯、制动器、喇叭、转向盘等安全部件的工作状况，以便发现它们存在的故障和隐患并及时进行检修，确保行车安全。

二、作业内容

1）车灯的检查。

2）制动器的检查。

3）喇叭、转向盘的检查。

三、操作注意事项

1）不要随意进入车内起动发动机。

2）不得随意按举升机的开关。

3）正确使用工具和量具。

4）不能随意摇晃升起的车辆。

任务实施

一、准备工作

1）将变速杆置于 P 位。

2）安放车轮挡块。

3）安装三件套。

二、操作过程

1. 认识车灯开关（图 5-2-1）

图 5-2-1　车灯组合开关

2. 车灯开关的操作

（1）照明开关的操作　逆时针旋转灯开关：

1）"■"标记转到 1 挡位置时，前后示宽灯、牌照灯、仪表灯、开关照明灯点亮。

2）"■"标记转到 2 挡位置时，前照灯、示宽灯、牌照灯、仪表灯、开关照明灯点亮。

（2）雾灯开关的操作　逆时针旋转雾灯开关：

1）"■"标记转到前雾灯开关位置（先开位置灯）时，前雾灯点亮。

2）"■"标记转到后雾灯开关位置（先开位置灯）时，后雾灯点亮。

（3）转向开关的操作　往上（下）轻轻拨动转向开关，左侧（右侧）前后转向灯、转向指示灯点亮。

（4）危险报警闪光灯开关的操作（图 5-2-2）

图 5-2-2　危险报警闪光灯开关

1）往下按压危险报警闪光灯开关，危险报警闪光灯及指示灯点亮。

2）再次按压危险报警闪光灯开关，危险报警闪光灯及指示灯熄灭。

3. 车灯的认识（图 5-2-3 ~ 图 5-2-6）

图 5-2-3　五菱车后部车灯

图 5-2-4　五菱车前部车灯

图 5-2-5　五菱车车灯

图 5-2-6　卡罗拉轿车车灯

4. 车灯的检查

（1）检查汽车前部车灯　检查示宽灯、雾灯、远光灯、近光灯、闪光灯、转向灯、危险报警闪光灯。

1）检查方法

① 一人打开车灯开关，发出"×××灯点亮"指示。检查转向灯时，转动转向盘自行检查转向开关的自动复位功能。

② 另一人在车外进行手势配合，并发出"正常"或"不正常"提示。

2）技术要求：车灯完整有效，工作正常。

（2）检查汽车后部车灯　检查示宽灯、牌照灯、雾灯、远光灯、近光灯、闪光灯、转向灯、危险报警闪光灯、制动灯、倒车灯。

1）检查方法

① 一人打开车灯开关，发出"×××灯点亮"指示，如图 5-2-7 所示。

② 另一人在车外进行手势配合，并发出"正常"或"不正常"提示。

2）技术要求：车灯完整有效，工作正常（图 5-2-8）。

图 5-2-7　变速杆置于 R 位　　　图 5-2-8　倒车灯点亮

（3）检查汽车内部车灯

1）操作方法：驾驶室检查人自行打开车内灯（顶灯、仪表照明灯、开关照明灯、指示灯、仪表警告灯）开关，检查车灯工作情况。

2）技术要求：要求车灯完整有效，工作正常（图 5-2-9 ~ 图 5-2-12）。

图 5-2-9　检查顶灯　　　图 5-2-10　检查仪表照明灯、
　　　　　　　　　　　　　　　　　指示灯和仪表警告灯

图 5-2-11　检查汽车前部车灯　　　图 5-2-12　检查汽车后部车灯

5. 玻璃喷洗器和刮水器的检查

（1）操作步骤

1）认识刮水器开关，如图 5-2-13 所示。

2）检查喷水压力（PULL）、喷射位置及刮水器联动功能是否正常。

3）检查刮水器去雾（MIST）、间歇（INT）、低速（LO）、高速（HI）挡是否正常有效。

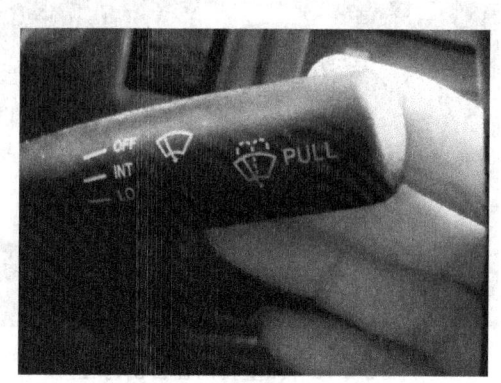

图 5-2-13 检查喷洗器和刮水器

4）检查刮水器的刮水效果及刮水电动机停转后的复位功能是否正常。

（2）技术要求 喷洗器和刮水器正常有效，刮水器复位功能正常。

6. 喇叭的检查

1）操作方法：在转向盘转动一周的同时按压喇叭开关，检查喇叭音量和音调，如图 5-2-14 所示。

2）技术要求：喇叭音量和音调符合规定。

7. 转向盘的检查

（1）操作步骤

1）检查松动摆动情况：上下、左右晃动转向盘，检查转向盘有无异常松动、摆动，如图 5-2-15 所示。

图 5-2-14 检查喇叭音量和音调 图 5-2-15 调整转向盘

2）检查自由行程

① 摆正转向轮。

② 摆正转向盘。

③ 轻轻转动转向盘，当转向轮要动作时，用直尺测量转向盘的移动量，如图 5-2-16 所示。

（2）技术要求 喇叭音量、音调应正常有效；转向盘无异常松动、摆动，自由行程符合《维修手册》要求。如不合适则应进行调整。

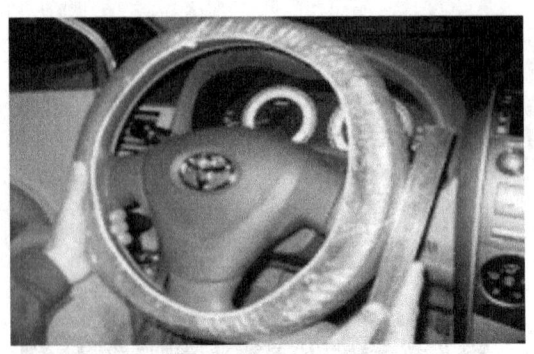

图 5-2-16　测量转向盘自由行程

8. 制动器的检查

（1）驻车制动器指示灯和制动杆行程的检查

1）操作步骤

① 把点火开关置于 ON 位置，拉驻车制动杆至锁止齿响第一响，检查指示灯是否点亮。

② 把驻车制动杆往上拉满行程，同时检查锁止棘轮是否响 6~9 响（图 5-2-17）。

2）技术要求：制动指示灯应正常有效，制动杆行程应符合车辆《维修手册》规定，否则应进行调整。

（2）检查行车制动器制动踏板的高度、余量、自由行程及工作情况

1）检查制动踏板的高度（应移开底板上的脚垫进行测量，图 5-2-18）

① 操作步骤

a. 起动发动机，释放驻车制动器。

b. 取直尺垂直于制动踏板，测量制动踏板至车厢底板的距离即为制动踏板高度。

② 技术要求：测量参数符合《维修手册》规定，一般为 150~160mm。

图 5-2-17　检查驻车制动器

图 5-2-18　检查制动器制动踏板的高度

2）检查制动踏板的余量（应移开底板上的脚垫进行测量）

① 操作步骤

a. 把制动踏板踩到底。

b. 取直尺测量踏板至车厢底板之间的距离即为踏板余量。

② 技术要求：测量参数符合车辆《维修手册》规定，一般为 70~80mm。

3）检查制动踏板状况

① 操作方法：把制动踏板慢慢往下踩，检查反应是否灵敏，能否完全踩到底，是否有异常噪声、是否过度松动。

② 技术要求：制动踏板应反应灵敏，能完全踩到底，无异常噪声和过度松动。

4）检查制动踏板的自由行程（应移开底板上的脚垫进行测量）

① 操作步骤

a. 关闭点火开关让发动机熄火，踩下再松开制动踏板 30~40 次。

b. 用手指轻轻按压制动踏板，用直尺测量踏板从开始移动到有明显阻力时的移动量即为制动踏板的自由行程。

② 技术要求：制动踏板自由行程应符合《维修手册》规定，一般为 1~6mm。

5）检查制动助力器的工作情况

① 操作步骤

a. 关闭点火开关。

b. 把制动踏板踩到底后（图 5-2-19），起动发动机，此时制动踏板应自动下沉一定的行程。

② 技术要求：起动发动机后踏板要下沉。

6）检查制动助力器的气密性

① 操作步骤

a. 起动发动机，让发动机运转 1~2min 后停机。

图 5-2-19 检查制动助力器

b. 踩压制动踏板 3~4 次，检查每次踩压后制动踏板返回的高度是否越来越大。

② 技术要求：每次踩压后，制动踏板返回的高度应越来越大。

7）检查制动助力器的真空功能

① 操作步骤

a. 起动发动机后，把制动踏板踩到底。

b. 关闭点火开关让发动机熄火，保持大约 30s 后，检查制动踏板的高度是否产生变化。

② 技术要求：高度不变。

（3）检查盘式制动器

1）检查内容：制动活塞油液的渗漏情况、制动片的磨损情况、制动盘的磨损情况及径向圆跳动。

图 5-2-20 拆卸制动卡钳

2）操作步骤

① 把车辆升起到车轮中心齐胸位置后锁止举升机。

② 用气动扳手拆下前轮轮胎，并拆下制动卡钳（图 5-2-20），用铁钩挂在减振弹

簧上。

③ 拆下制动片，并把制动片、制动盘擦净。

④ 检查制动卡钳，目视制动活塞有无油液渗漏。

⑤ 检查制动片

a. 目视制动片是否磨损均匀、磨损过度。

b. 用直尺分三个点测量制动片厚度是否达到使用极限，并视情况进行更换（图5-2-21）。

⑥ 制动转子盘的检查与测量

a. 目视制动盘有无刮痕、损伤。

b. 用外径千分尺测量制动盘的厚度（图5-2-22）。

c. 用指示表测量制动盘的径向圆跳动量（图5-2-23）。

图5-2-21　测量制动摩擦片

图5-2-22　测量制动盘的厚度

图5-2-23　测量制动盘的径向圆跳动量

⑦ 把制动片、制动卡钳按与拆卸相反的顺序安装到制动器上，再装上制动器总成。

3）技术要求：制动片、制动盘的磨损量、径向圆跳动量符合《维修手册》规定。更换制动片时，应先在消声垫片上抹上润滑脂再安装。

（4）检查鼓式制动器

1）检查分泵油液的渗漏情况，制动蹄片及制动盘的磨损情况，制动蹄片外径。

2）操作步骤

① 用气动扳手拆下后轮轮胎，并拆下制动盘，用干净软布把制动蹄片和制动盘擦拭干净。如摩擦片有油污，则用细砂纸擦拭干净。

② 目视制动分泵有无油液渗漏。

③ 检查制动蹄片（图5-2-24）

a. 目视制动蹄片是否磨损均匀，有无磨损过度。

b. 用游标卡尺测量制动蹄片厚度是否到使用极限（剩余厚度为1mm），并视情况进行更换。

④ 检查与测量制动盘（图5-2-25）

a. 目视制动盘有无刮痕、损伤。

b. 用游标卡尺测量制动盘的直径是否已达到使用极限。

图 5-2-24　测量制动蹄片的厚度

图 5-2-25　测量制动盘的内径

⑤ 测量两块制动蹄片的外径，与制动盘的内径进行比较，应有 0.2mm 的间隙，否则对调节装置进行调整。

⑥ 把制动器按拆卸时相反的顺序装好。

3）技术要求：制动片、制动盘磨损量、制动蹄片与制动盘间隙应符合《维修手册》的规定。

9. 制动拖滞、车轮轴承及轮胎的检查和安装

（1）操作步骤　检查制动器是否有拖滞现象（图 5-2-26）。

图 5-2-26　检查制动拖滞

1）临时安装紧固螺母，固定制动盘。

2）转动制动盘，检查制动器有无拖滞现象。

（2）技术要求　制动器无拖滞现象。

1）检查车轮

① 操作步骤

a. 用气压表检查胎压是否符合规定，否则应按规定值进行充气。

b. 在气门、轮胎边、胎面上抹肥皂水，检查轮胎漏气情况。

c. 轮胎异物嵌入检查：转动轮胎，观察胎槽内有无石子、玻璃或铁钉等嵌入物（图 5-2-27）。

d. 胎纹深度检查：用直尺或轮胎深度规测量轮胎花纹深度（应大于 1.6mm），观察轮胎磨损标记（胎面不应与磨损标记齐平，图5-2-28）。

图5-2-27 检查轮胎　　　　　图5-2-28 检查磨损标记

e. 钢圈的检查：观察钢圈有无生锈、变形。

② 技术要求：轮胎气压符合规定，轮胎无漏气，无异常磨损和过度磨损，无裂纹或石子、玻璃等嵌入物；钢圈无生锈、变形现象。

2）安装车轮

① 操作方法：双手抱住车轮下部，将轮胎装到轮毂上，一只手按住轮胎，另一只手将轮胎螺母安装到螺栓上，对螺母进行初步预紧（图5-2-29）。

② 技术要求：要按对角线位置分两次预紧车轮轮毂螺母。

3）检查车轮转动状况和噪声

① 操作方法：用手转动车轮，观察车轮是否平稳转动，倾听有无异响（图5-2-30）。

② 技术要求：车轮转动时应平稳、无异响。

图5-2-29 安装车轮　　　　　图5-2-30 检查转动状况和噪声

4）车轮的紧固

① 操作步骤

a. 降下车辆。

b. 选择合适套筒、延伸杆装入扭力扳手中。

c. 把扭力扳手调到规定扭矩的1/2，按对角线顺序紧固轮毂螺母。

d. 把扭力扳手调到规定的扭矩，按对角线顺序紧固轮毂螺母。

② 技术要求：轮毂螺母的紧固扭矩符合《维修手册》规定。

【项目工作页】

班　　级	姓　　名	项目名称	完 成 日 期	成　　绩	自我评价

工作项目	工作内容
1. 车灯的检查与调整	1. 如何操纵照明灯开关？
2. 喷洗器与刮水器的检查与调整	2. 车灯、转向盘、制动器的检查及调整的内容有哪些？
3. 喇叭、转向盘检查与调整	3. 车灯、转向盘、制动器的检查、调整的内容和技术要求有哪些？
4. 制动器的检查与调整	

项目三　车身部件和汽车底部的检查及紧固作业

【实训任务】
1. 掌握车身内外部件的检查、紧固作业的内容、操作方法、步骤和技术要求。
2. 掌握汽车底部油液泄漏情况的检查作业内容、操作方法、步骤和技术要求。
3. 掌握汽车底部螺母、螺栓紧固情况的检查作业内容、操作方法、步骤和技术要求。

【实训要求】
1. 能独立、正确地完成车身内外部件的检查和紧固作业。
2. 能独立、正确地完成汽车底部油液泄漏情况的检查作业。

【实训对象】
座椅、车门、发动机舱盖螺栓、行李箱盖、悬架、安全带、门灯开关、燃油箱盖、车灯总成；车辆底部冷却液、机油等油液；车辆底部部件及连接件的螺栓和螺母。

【实训场景】
汽车维护实训车间，配备多媒体教学设备、五菱汽车、卡罗拉汽车，车轮挡块、三件套、抹布、直尺、手电筒、世达组合工具、游标卡尺、外径千分尺、指示表、扭力扳手、气动扳手。

预备知识

一、检查目的

了解车身及汽车底部安全部件的状况，掌握它们存在的故障或隐患，便于及时检修，确保车辆正常与安全使用。

二、作业内容

1）检查座椅、车门、发动机舱盖螺栓、行李箱盖螺栓和螺母的紧固情况。
2）检查悬架、安全带、门灯开关、燃油箱盖、车灯总成技术状况及车身倾斜情况。
3）检查车辆底部的冷却液、机油等油液的渗漏情况。
4）检查车辆底部部件的安装、损坏情况及连接件螺栓和螺母的紧固情况。

三、操作注意事项

1）不要随意进入车内起动车辆。
2）不能随意按举升机操纵开关。
3）升降车辆时，人员不能留在车内，确保举升机周围无杂物和其他障碍物。

4）举升车辆时，操作人员要发出"升（降）车请注意"的提示。

5）检查排气管时要带好劳保手套。

任务实施

一、准备工作

1）拉起燃油箱盖、行李箱盖、发动机舱盖释放杆。

2）将顶灯开关拨到 DOOR 位置。

3）降下车窗玻璃。

4）将变速杆置于 N 位（空挡）。

5）充足轮胎气压。

二、操作过程

1. 检查座椅的螺栓紧固状况

（1）操作步骤

1）抓住座椅侧面边缘。

2）往两侧前门方向推拉座椅（图5-3-1）。

（2）技术要求　螺栓紧固正常，无异常松动。

2. 检查安全带状况

（1）操作步骤

1）检查肩带和胯带是否有损坏、刮痕；检查导向器是否上下移动灵活（图5-3-2）。

图 5-3-1　检查座椅

图 5-3-2　检查安全带

2）检查肩带安全锁定功能是否正常有效。

3）检查扣环的锁止功能是否正常。

（2）技术要求　安全带表面无损伤、无刮痕；导向器、扣环的锁止功能正常有效。

3. 检查车门铰链的紧固状况

车门螺栓应紧固正常，铰链灵活、无异响。

4. 检查门灯开关

打开车门，门控灯、指示灯应点亮；关闭车门，门控灯、指示灯应熄灭（图5-3-3）。

5. 检查后车门儿童安全锁

（1）操作方法　安全锁往下拨到底。关上后车门，检查能否从车内打开车门（图5-3-4）。

图5-3-3　检查车门灯开关

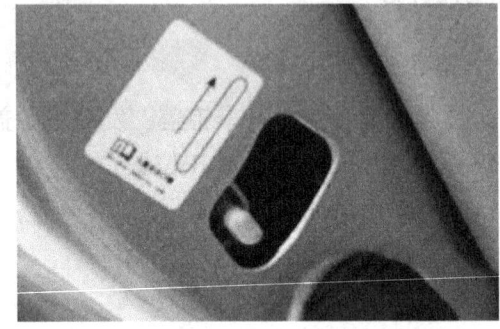

图5-3-4　锁止儿童安全锁

（2）技术要求　锁止儿童安全锁后，不能从车内打开后车门。

6. 检查燃油箱箱盖

（1）检查方法　观察密封垫是否变形、损坏；装上并旋紧燃油箱盖能否发出"咔嗒"声并能自由转动；观察附件弹簧是否正常有效。

（2）技术要求　O形橡胶垫无变形、凹陷、损伤（图5-3-5）；扭矩限制器工作正常有效。

图5-3-5　检查油箱盖O形橡胶垫

7. 检查悬架（前后悬架检查方法相同）

（1）减振器减振力的检查

1）操作方法：双手按压汽车后部，上下按压—松开车身，确定减振器的缓冲力的大小，检查车身停止摇动要多长时间（图5-3-6）。

2）技术要求：减振器缓冲力应平缓有效。

（2）车身倾斜检查

1）操作方法：目视车辆是否倾斜。若车身有倾斜则应检查轮胎气压、车辆负荷分配。

2）技术要求：车身无倾斜现象（图 5-3-7）。

图 5-3-6　检查减振器减振力

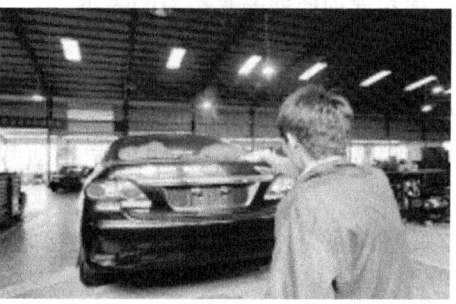
图 5-3-7　检查车身倾斜

8. 检查车灯总成

（1）操作步骤

1）目测车灯灯罩表面是否有脏污、损坏，罩内是否有积水。

2）用手轻轻推动灯罩，检查车灯总成是否松动（图 5-3-8、图 5-3-9）。

（2）技术要求　车灯表面无刮痕、无损伤、无脏污，总成无异常松动，内部无积水。

图 5-3-8　检查车灯总成

图 5-3-9　后车灯总成

9. 检查备用轮胎

与装车轮胎的检查方法、技术要求相同。

10. 检查行李箱盖和发动机舱盖

（1）操作方法　如图 5-3-10、图 5-3-11 所示。

图 5-3-10　检查行李箱盖

图 5-3-11　检查发动机舱盖

（2）技术要求　行李箱盖、发动机舱盖螺栓无异常松动。

11. 汽车底部油液泄漏情况的检查

（1）操作步骤

1）检查发动机油、变速器油是否泄漏

① 观察机油油底壳、排油螺塞、油封、机油滤清器接触面是否渗漏（图5-3-12、图5-3-13）。

② 观察油底壳、排油螺塞、油封接触面是否渗漏。

图 5-3-12　检查机油是否渗漏　　　　图 5-3-13　检查变速器油是否渗漏

2）检查转向助力油是否泄漏：观察转向助力器油管接口是否渗漏，如图 5-3-14 所示。

3）检查制动液是否泄漏：检查前后轮制动软管、制动卡钳、排气螺塞、制动管路是否渗漏，如图 5-3-15 所示。

图 5-3-14　检查转向助力液是否渗漏　　　　图 5-3-15　检查制动液是否渗漏

4）检查减振器是否漏油，如图 5-3-16 所示。

5）检查燃油是否泄漏：检查燃油管路、燃油箱、燃油滤清器是否渗漏。

（2）技术要求　油底壳、排油螺塞、油封、机油滤清器、燃油滤清器、软管等部位不应有渗漏现象，否则应进行检修。

12. 汽车底部驱动轴护套、转向连接机构、管路和悬架的检查

（1）检查驱动轴护套、转向连接机构

1）操作方法：目视驱动轴护套和卡箍（图 5-3-17）。

图 5-3-16　检查减振器是否漏油　　　　图 5-3-17　检查驱动轴护套、卡箍

2）技术要求：护套无裂纹及其他损坏；卡箍安装正确、无损坏；无润滑脂泄漏。

（2）检查转向连接机构

1）操作方法：目视并晃动横拉杆等连接杆（图 5-3-18）。

2）技术要求：连接件应无松动、无摆动、无弯曲、无损坏。

（3）检查前、后制动软管

1）操作方法：把前转向轮转到最大角度，观察制动软管是否碰车轮，直接观察后制动软管（图 5-3-19）。

图 5-3-18　转向横拉杆连接杆　　　　图 5-3-19　检查制动软管

2）技术要求：制动软管不与车轮刮碰。

（4）燃油管、制动管应无扭曲、凹瘪

（5）检查排气管接头、吊耳、消声器

1）操作方法：观察排气管接头、吊耳、消声器（图 5-3-20、图 5-3-21）。

2）技术要求：接头应无黑色废气泄漏痕迹，吊耳、消声器无松脱、损坏。

（6）检查悬架

1）损坏情况检查

图 5-3-20　检查排气管接头

图 5-3-21　检查排气管吊耳

① 操作方法：观察万向节、减振器、螺旋弹簧、稳定杆、下臂等组件。
② 技术要求：悬架各组件应无弯曲、变形、裂纹等损坏现象。
2）检查减振器上有无油液渗漏痕迹（图 5-3-22）。
3）连接摆动检查
① 操作方法：用手上下摇晃稳定杆、横拉杆连接杆；观察衬套外围（图 5-3-23）。

图 5-3-22　检查减振器和减振弹簧

图 5-3-23　检查悬架

② 技术要求：稳定杆、横拉杆连接杆无异常松动，无损坏；衬套无裂纹、损坏。

13. 检查汽车底部下列螺栓、螺母的紧固情况（图 5-3-24）

图 5-3-24　检查车底连接螺栓、螺母

1）中间梁与车身之间。
2）下臂与横梁之间。
3）球节与下臂之间。
4）横梁与车身之间。
5）下臂与横梁之间。
6）中间梁与横梁之间。
7）盘式制动器扭矩板与万向节之间。
8）球节与万向节之间。
9）减振器与万向节之间。
10）稳定杆连接杆与减振器之间。
11）稳定杆与稳定杆连接杆之间。
12）转向机外壳与横梁之间。
13）稳定杆与车身之间。
14）横拉杆端头锁止螺母之间。
15）横拉杆端头与万向节之间。
16）拖臂和桥梁与车身之间。
17）拖臂和桥梁与后轮毂之间。
18）制动分泵与背板之间。
19）稳定杆与拖臂和桥梁之间。
20）减振器与拖臂和桥梁之间。
21）减振器与车身之间。

项目四 发动机舱各部件的检查及紧固作业

【实训任务】
1. 了解发动机舱各部件检查的内容。
2. 掌握发动机舱各部件检查作业的操作方法、步骤及技术要求。

【实训要求】
能独立、正确地完成发动机舱各部件的检查和紧固作业。

【实训对象】
发动机连接件、前减振上支撑、蓄电池支架、冷却系连接软管；传动带、油液管路、火花塞、散热器盖、冷却液、电解液。

【实训场景】
汽车维护实训车间，配备多媒体教学设备、五菱汽车、卡罗拉汽车、车轮挡块、三件套、抹布、直尺、手电筒、世达组合工具、扭力扳手、便携式折射计。

预备知识

一、检查目的

了解发动机舱各部件状况，便于及时进行维护与检修，确保发动机正常运转及用车安全。

二、检查内容

1) 检查发动机连接件、前减振上支撑、蓄电池支架、冷却系连接软管紧固情况。
2) 检查传动带松紧度、油液渗漏情况、火花塞燃烧情况、散热器盖密封性。
3) 检查冷却液冰点、电解液相对密度。

三、操作注意事项

1) 不能随意按举升机开关。
2) 不能随意起动发动机。
3) 检查空调时，要保持发动机转速平稳、均匀，不能急加速。
4) 工作服的扣子要扣齐、扣牢，不能佩戴首饰进行作业。

任务实施

一、准备工作

1) 将变速杆置于 P 位。

2）拉满驻车制动杆行程。

3）安放车轮挡块，安装三件套、前格栅布、翼子板布。

4）释放发动机舱盖释放杆并打开发动机舱盖。

二、操作过程

1. 检查并紧固发动机连接件、前减振上支撑、蓄电池支架螺母、螺栓

（1）操作方法　目视并用合适的工具检查发动机连接件、前减振上支撑、蓄电池支架螺母、螺栓坚固情况。

（2）技术要求　发动机连接件无变形、无裂纹、连接牢固；螺栓拧紧力矩符合《维修手册》规定。

2. 检查冷却系连接软管和卡箍

（1）操作方法：用手摇动软管及卡箍，检查是否有泄漏或松动。

（2）技术要求：冷却系软管无凸起、无裂纹、卡箍安装牢固。

3. 检查传动带

（1）操作方法　目视检查传动带并用张力仪测量张紧力（图5-4-1）。

（2）技术要求　无裂纹、无脱层、松紧度符合《维修手册》规定范围。

图 5-4-1　传动带张力仪

4. 检查各油液连接管路

（1）操作方法　目视转向液、制动液等油液连接管路表面及接触面。

（2）技术要求　无凹瘪、无渗漏、无扭曲。

5. 检查火花塞

（1）操作方法　目视火花塞表面并用0.8～1.0mm的塞尺测量电极间隙，取火花塞进行跳火检验。

（2）技术要求　电极间隙符合规定值，表面清洁，绝缘陶瓷无断裂，电火花连续、集中，每运行20000～25000km需更换。

6. 检查散热器盖

（1）操作方法　目视橡胶垫是否有裂纹或损坏，用手按压或拉动压力阀。

（2）技术要求　散热器盖垫片应完整正常，压力阀操作平顺有效、无变形锈蚀。注意，应在发动机冷机状态下打开散热器盖。

7. 检查蓄电池

（1）操作方法　目视蓄电池端盖、外壳有无变形、鼓胀，加液孔盖透气孔有无堵塞，极柱有无氧化，电解液液面是否合适；用手摇动电缆线夹观察其是否松动。

（2）技术要求　电解液液面应在 MAX～MIN 刻线之间；极柱应无氧化，电缆线夹无生锈、松动；外壳无变形、无鼓胀。

8. 检查冷却液冰点、电解液相对密度。

（1）操作方法　用吸管吸入少许冷却液或电解液，打开便携式折射计盖子，在折射计玻璃上滴入一两滴冷却液或电解液，从观察窗观察并读出冷却液冰点或电解液相对密度。

（2）技术要求　折射计玻璃要水平放置，冷却液冰点或电解液相对密度应符合规定。

【项目工作页】

班　级	姓　名	项目名称	完成日期	成　绩	自我评价
工作项目	工　作　内　容				
车身内外部件的检查	车身内外部件的检查内容有哪些？有什么技术要求？				
汽车底部油液泄漏情况的检查	汽车底部油液泄漏情况的检查内容有哪些？				
汽车底部螺母、螺栓紧固情况的检查	汽车底部螺母、螺栓紧固情况的检查内容有哪些？有什么技术要求？				
发动机舱的检查	发动机舱的检查内容有哪些？				

单元六　丰田卡罗拉轿车 40000km维护作业

【实训目标】

1. 了解卡罗拉轿车40000km维护作业的内容。
2. 掌握卡罗拉轿车40000km维护作业的操作流程与技术要求。

【能力要求】

1. 能根据维护计划正确选用工具和设备对汽车进行维护。
2. 能独立完成整车的维护工作。

【安全要求】

1. 注意人员与设备的安全,特别是车辆举升后,车底作业人员的人身安全。
2. 未经许可严禁挪动车辆和按压举升机或其他电器按钮或开关。
3. 注意防火,认真接受实训前的安全教育。

【操作注意事项】

1. 注意工具、量具、设备的正确使用。
2. 举升机的升降必须在老师的指导下进行。
3. 严格按技术规范、操作工艺要求进行维护作业。
4. 注意螺栓、螺母的拧紧顺序,有规定扭力要求的必须用扭力扳手进行紧固。

【实训前的准备】

1. 丰田卡罗拉轿车一辆。
2. 剪式举升机或二柱式举升机一台。
3. 气动扳手一只。
4. 轮胎气压表一只,指示表一只。
5. 扭力扳手一把。
6. 机油滤清器扳手一套。
7. 世达工具一套。
8. 电解液密度计、便携式折射计各一只。
9. 翼子板布、前格栅布、三件套各一套。
10. 抹布两块。
11. 机油滤清器一个。
12. 丰田专用机油一瓶。

单元六　丰田卡罗拉轿车40000km维护作业

【操作指导】
为提高工作效率和保证质量，丰田公司根据举升机的举升位置将维护流程分为九个顶起位置。本教程将其进行分解，方便学习与实训，具体举升位置见附录。

车辆举升位置及检查的项目

举升位置一
检查项目：
车灯；
玻璃喷洗器和刮水器；
喇叭和转向盘；
驻车制动器和行车制动器；
车身内外部件

举升位置二
检查项目：
省略

举升位置三
检查项目：
发动机机油（排放）；
汽车底部油液泄漏情况；
驱动轴护套、油管；
转向连接机构；
排气管及安装件、悬架；
安装件紧固螺母、螺栓

举升位置四
检查项目：
车轮轴承；
拆卸、检查车轮；
拆卸、检查盘式制动器；
拆卸、检查鼓式制动器；
制动器拖滞情况；
安装车轮

举升位置五
检查项目：
制动器拖滞情况

举升位置六
检查项目：
安装车轮

举升位置七
检查项目：
发动机机油（加注）、蓄电池、冷却液、电解液冰点、散热器盖、制动液、制动管路、离合器液、炭罐、空气滤清器、传动带、火花塞、紧固车轮、PCV系统、空调、转向助力液、减振上支撑座、机油、

举升位置八
复　检

举升位置九
恢复清洁

项目一 汽车维护前的预检工作

任务一 车内三件套的安放

【实训任务】
1. 了解三件套安放的目的。
2. 掌握三件套的安放方法、技术要求。

【实训要求】
1. 能正确说出安装三件套的作用。
2. 能独立、正确地安装三件套。

【实训对象】
底板垫、转向盘套、变速杆套、座椅套。

【实训场景】
汽车维护实训车间,配备多媒体教学设备、卡罗拉整车、剪式举升机、车轮挡块、护套、护垫、抹布。

预备知识

一、安放三件套的目的

防止操作人员弄脏座椅、变速杆、转向盘、车厢底板。

二、作业内容

作业内容包括安放底板垫、安装变速杆套、安装转向盘套、安装座椅套。

三、操作注意事项

1)三件套为易损件,安装时要防止撕破。
2)进车辆前要安放车轮挡块。
3)不要随意进入车内起动发动机。
4)不能随意按压举升机操纵开关。

任务实施

一、准备工作

1)安放车轮挡块(图6-1-1)

图 6-1-1　安放车轮挡块

① 目的：防止误操作造成车辆移动。
② 位置：安放在前轮驾驶员一侧，或放置后轮。
③ 技术要求：车轮挡块紧贴胎面边缘。
2）拉满驻车制动杆行程。
3）变速杆置于 P 位。

二、操作过程

1. 安放底板垫（图 6-1-2）

（1）操作步骤

1）把底板垫展开，有字母或文字的一面朝上。
2）把底板垫平放在转向盘下方底板上。

（2）技术要求　底板垫要完全贴合底板。

2. 安装变速杆套（图 6-1-3）

（1）操作步骤

1）把变速杆套轻轻套在变速杆上。
2）把护套拉直套入位。

（2）技术要求　变速杆套要完全安装到位并贴合。

图 6-1-2　安放底板垫

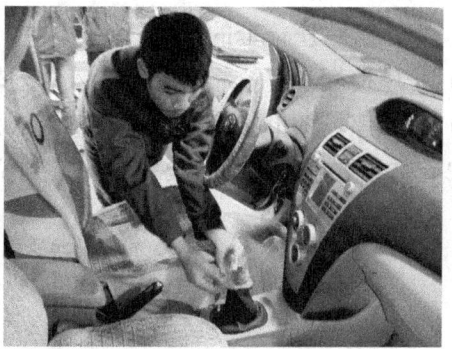

图 6-1-3　安装变速杆套

3. 安装转向盘套（图6-1-4）

图6-1-4　安装转向盘套

（1）操作步骤
1）安装在转向盘的上端。
2）把整个转向盘套入保护套内。
（2）技术要求　转向盘套要完全安装到位并贴合。

4. 安装座椅套（图6-1-5）

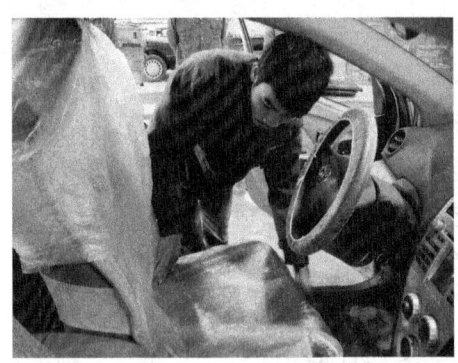

图6-1-5　安装座椅套

（1）操作步骤
1）双手捏住座椅套的边角。
2）把座椅套从座椅靠背上部套入并轻轻下拉。
3）按照座椅的形状将座椅套完整套入，并紧贴座椅。
（2）技术要求　座椅套要完全安装到位、贴合，力量要轻。

【项目工作页】

班　　级	姓　　名	项目名称	完成日期	成　　绩	自我评价
工作项目	工　作　内　容				
安装三件套	1. 安装的目的是什么？ 2. 放置时的注意事项有哪些？				
安放车轮挡块	1. 安放的目的是什么？ 2. 放置时的注意事项有哪些？				

任务二　发动机舱油液的检查

【实训任务】
掌握发动机舱内各种油液的检查方法、技术要求。

【实训要求】
能独立、正确地完成发动机舱内各种油液的检查工作。

【实训对象】
制动液、冷却液、喷洗液、机油。

【实训场景】
汽车维护实训车间，配备多媒体教学设备、卡罗拉整车、剪式举升机、车轮挡块、护垫、抹布。

预备知识

一、检查目的

了解油液液位、质量，防止液位偏低、质量下降使发动机功率下降和车辆部件加速磨损。

二、作业内容

作业内容包括：检查发动机机油、冷却液液面、喷洗液液面、制动液液面。

三、操作注意事项

1）三件套为易损件，安装时要防止撕破。
2）进车辆前要安放好车轮挡块。
3）不要随意进入车内起动车辆。
4）不能随意按举升机操纵开关。
5）皮肤不要与油液直接接触。

任务实施

一、准备工作

1）安放车轮挡块。
2）拉满驻车制动杆行程（图6-1-6）。
3）释放发动机舱释放杆（图6-1-7）。
4）打开发动机舱盖（图6-1-8、图6-1-9）。

图 6-1-6　拉满驻车制动杆行程

图 6-1-7　释放发动机舱释放杆

图 6-1-8　打开发动机舱盖

图 6-1-9　用支撑杆支撑发动机舱盖

5）安放前格栅布和翼子板布（图 6-1-10、图 6-1-11）。

图 6-1-10　安放前格栅布

图 6-1-11　安放翼子板布

二、操作步骤

1. 检查发动机机油

（1）检查目的　防止发动机因缺油运转而造成功率下降、机件损坏等故障。

（2）检查内容　油位和油质。

（3）操作步骤

1）拉出机油尺，将油尺用干净的抹布擦拭干净（图 6-1-12）。

2）将油尺再次插入到机油导管中，并注意要放到底。

3）再拉出油尺并使油尺与地面约成45°角，检查机油是否在L～F刻线中间，如不足则加到正常刻度线范围内（图6-1-13）。

图6-1-12　拉出并擦净油尺

图6-1-13　检查油位

4）检查完毕后将油尺插回发动机中。

（4）技术要求　机油油位应在油尺刻线L～F之间，最好在L～F中间偏上位置，如图6-1-14所示。

2. 检查冷却液

（1）检查目的　为确保有足够的冷却液，防止发动机运转时散热不良、过热、功率下降，甚至造成机件损坏。冷却液一般呈红色或绿色，不足时应及时添加。

（2）检查内容　液位和质量。

（3）操作步骤

1）用手轻轻拍动冷却液储液罐，如图6-1-15所示。

图6-1-14　机油油尺刻线

图6-1-15　检查冷却液

2）观察冷却液液位是否在MAX～MIN刻度线之间，不足时应及时添加（应添加专用冷却液，特别是北方地区的车辆，否则会因冷却液结冰造成水管破裂及散热器损坏）。

（4）技术要求　冷却液液位应在MAX～MIN刻度线之间，最好在中间偏上位置。

3. 检查制动液

（1）检查目的　防止出现制动液减少使车辆制动效果下降，甚至制动失灵，造成车辆运行时存在安全隐患或产生安全事故。制动液颜色一般呈淡黄色，更换周期一般为两年或 40000km。

（2）检查内容　液位和质量。

（3）操作步骤

1）用手轻轻拍动制动液储液罐，如图 6-1-16 所示。

图 6-1-16　检查制动液液位

2）观察冷却液液位是否在 MAX～MIN 刻度线之间，不足时应及时添加。

（4）技术要求　液位应在 MAX～MIN 刻度线之间，最好在中间偏上位置。

4. 检查风窗喷洗液液位

（1）操作步骤

1）用手轻轻拍动储液罐，如图 6-1-17 所示。

2）观察喷洗液液位是否在刻度线之间，不足时应及时添加，如图 6-1-18 所示。

（2）技术要求　液位应在刻度线之间位置，如液位偏低则应立即补充。

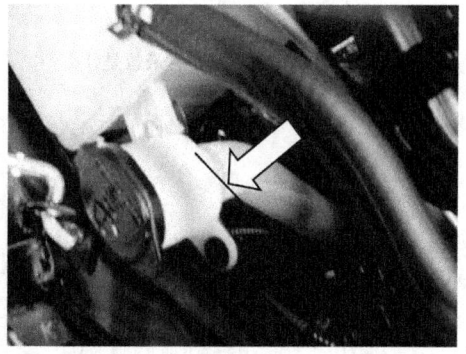

图 6-1-17　检查风窗喷洗液液位　　图 6-1-18　风窗喷洗液液位

【项目工作页】

班　级	姓　名	项目名称	完成日期	成　绩	自我评价
工作项目	工作内容				
发动机舱油液检查	1. 发动机舱油液分别有哪几种？ 2. 各油液的作用是什么？ 3. 各油液的正常液位是什么？				

项目二　汽车车灯的检查

> 【实训任务】
> 掌握车灯检查方法、技术要求和操作流程。
> 【实训要求】
> 能独立、正确地完成车灯的检查工作。
> 【实训对象】
> 照明灯、信号灯和仪表警告灯。
> 【实训场景】
> 汽车维护实训车间，配备多媒体教学设备、卡罗拉整车、车轮挡块、三件套、抹布。

预备知识

一、检查目的

及时发现车灯故障或存在的隐患，确保行车安全。

二、作业内容

1) 检查前部车灯：示宽灯、雾灯、远光灯、近光灯、闪光灯、转向灯、危险报警闪光灯。

2) 检查后部车灯：示宽灯、牌照灯、雾灯、转向灯、危险报警闪光灯、制动灯、倒车灯。

3) 检查汽车内部车灯：顶灯、仪表照明灯、开关照明灯、指示灯、仪表警告灯。

三、操作注意事项

1) 进车辆前要安放好车轮挡块。
2) 不要随意进入车内起动发动机。
3) 不能随意按动举升机操纵开关。
4) 要逐个挡位操纵开关，并避免粗暴操作。

任务实施

一、准备工作

准备工作包括：安放车轮挡块、拉满驻车制动杆行程、变速杆手柄置于P位。

二、操作过程

1. 检查车辆前部车灯

（1）检查前示宽灯

1）操作步骤

① 一人把车灯操纵手柄逆时针转动，使标记"■"对齐示宽灯符号位置（图6-2-1），并发出"检查示宽灯"的指示，同时检查仪表照明灯是否正常点亮。

② 另一人在车外用手势配合，并发出"点亮正常"提示。

2）技术要求：前左、右示宽灯（图6-2-2）和仪表灯点亮正常。

图6-2-1　检查前示宽灯

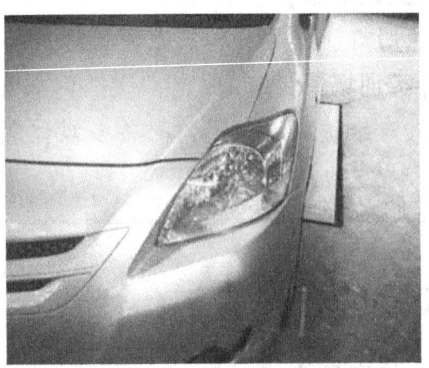

图6-2-2　前示宽灯点亮

（2）检查前雾灯

1）操作步骤

① 一人转动雾灯开关手柄，使标记"■"对齐前雾灯位置（图6-2-3），并发出"检查雾灯"指示。

② 另一人在车外用手势配合，并发出"点亮正常"提示。

2）技术要求：前左、右雾灯点亮正常，打开前雾灯必须要先打开示宽灯开关（图6-2-4）。

图6-2-3　检查前雾灯

图6-2-4　前雾灯点亮

（3）检查前照灯

1）操作步骤

① 一人逆时针转动灯开关手柄，使标记"■"对齐变光符号位置（图6-2-5），把开关轻轻往前（后）推（拉）动，并发出"检查远（近）光灯"的指示，同时检查远（近）光指示灯是否点亮。

② 另一人在车外用手势配合，并发出"点亮正常"提示。

2）技术要求：前左、右远（近）光灯、远光指示灯点亮正常（图6-2-6）。

图 6-2-5　检查前照灯　　　　图 6-2-6　前照灯点亮

（4）检查闪光灯

1）操作步骤

① 一人把车灯操纵手柄快速地轻轻往后拉、放，并发出"检查闪光灯"的指示。

② 另一人在车外用手势配合，并发出"点亮正常"提示。

2）技术要求：前左、右闪光灯点亮正常。

（5）检查转向灯

1）操作步骤

① 一人把转向开关往上、下方拨动（图6-2-7），听到"咔嗒"声后停止拨动，并发出"检查左（右）转向灯"的指示，同时检查转向指示灯是否闪烁。

② 另一人在车外用手势配合，并发出"点亮正常"提示。

2）技术要求：左、右前转向灯、指示灯闪烁正常（图6-2-8）。

图 6-2-7　检查转向灯　　　　图 6-2-8　左前转向灯点亮

（6）检查前危险报警闪光灯

1）操作步骤

① 一人把危险报警闪光灯按钮轻轻按到底（图6-2-9），并发出"检查前危险报警闪光灯"的指示，同时检查指示灯是否点亮。

② 另一人在车外用手势配合，并发出"闪烁正常"提示。

2）技术要求：左、右前危险报警闪光灯、指示灯闪烁正常（图6-2-10）。

图6-2-9　检查危险报警闪光灯　　　　图6-2-10　左前危险报警闪光灯点亮

2. 检查车辆后部车灯

（1）检查后示宽灯

1）操作步骤

① 一人把车灯操纵手柄逆时针转动，使标记"▄"对齐示宽灯符号位置（图6-2-11），并发出"检查示宽灯"、"检查牌照灯"的指示。

② 另一人在车外用手势配合，并发出"点亮正常"提示。

2）技术要求：后左、右示宽灯、牌照灯点亮正常（图6-2-12）。

 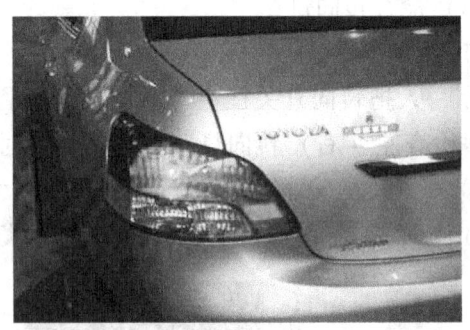

图6-2-11　检查后示宽灯　　　　图6-2-12　后示宽灯点亮

（2）检查后雾灯

1）操作步骤

① 一人转动雾灯开关操纵手柄，使标记"▄"对齐后雾灯位置，并发出"检查雾灯"的指示。

② 另一人在车外用手势配合，并发出"点亮正常"提示。

2）技术要求：后雾灯点亮正常。

（3）检查后转向灯

1）操作步骤

① 一人往上、下方向轻轻拨动转向开关（图6-2-13），听到"咔嗒"声后停止拨动，发出"检查左（右）后转向灯"的指示。

② 另一人在车外用手势配合，并发出"点亮正常"提示。

2）技术要求：左、右后转向灯、指示灯闪烁正常（图6-2-14）。在检查左、右后转向灯的时候，转向盘应往相反方向转动，以此来检查转向灯开关的自动回位功能是否正常。

图6-2-13　检查后转向灯

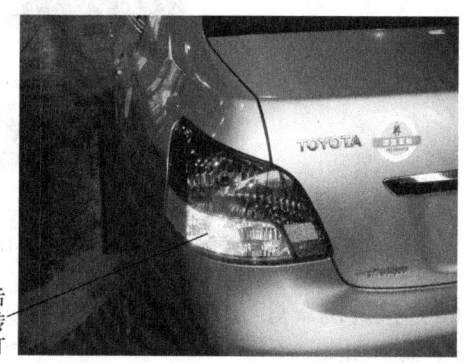

图6-2-14　左后转向灯点亮

（4）检查后危险报警闪光灯

1）操作步骤

① 一人把危险报警闪光灯按钮轻轻按到底，并发出"检查后危险报警闪光灯"的指示。

② 另一人在车外用手势配合，并发出"闪烁正常"提示。

2）技术要求：后左、右危险报警闪光灯、指示灯闪烁正常（图6-2-15）。

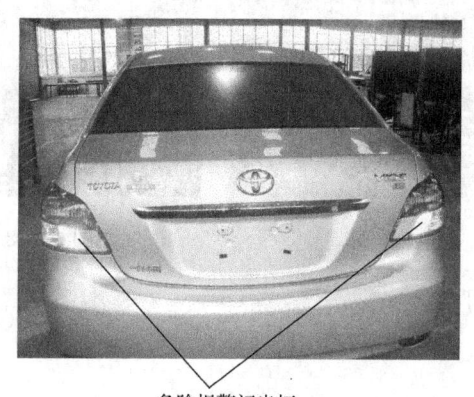

图6-2-15　危险报警闪光灯点亮

（5）检查制动灯

1）操作步骤

① 一人踩下制动踏板，并发出"检查制动灯"的指示。

② 另一人在车外用手势配合，并发出"点亮正常"提示。

2）技术要求：制动灯点亮正常（图6-2-16）。

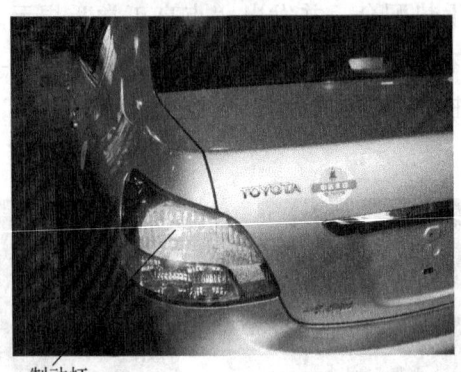

图 6-2-16　制动灯点亮

（6）检查倒车灯

1）操作步骤

① 一人把倒车操纵杆置于R位（图6-2-17），并发出"检查倒车灯"的指示。

② 另一人在车外用手势配合，并发出"点亮正常"提示。

2）技术要求：倒车灯点亮正常（图6-2-18）。

图 6-2-17　检查倒车灯

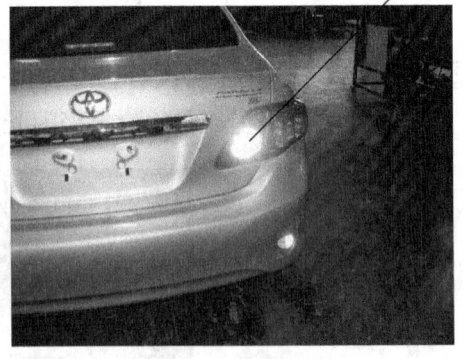

图 6-2-18　倒车灯点亮

3. 检查车辆内部车灯

（1）检查顶灯

1）操作步骤

① 把顶灯开关拨到ON位置（图6-2-19）。

② 检查顶灯是否点亮。

2）技术要求：顶灯点亮正常（图6-2-20）。

图6-2-19　检查顶灯

图6-2-20　顶灯点亮

（2）检查仪表警告灯

1）操作步骤

① 点火开关钥匙转到ON位置，起动发动机。

② 技师自行检查各种仪表警告灯是否点亮和熄灭。

2）技术要求：打开点火开关，各种仪表警告灯应点亮（图6-2-21）；起动发动机后，各种仪表警告灯应自行熄灭。

图6-2-21　仪表警告灯点亮

【项目工作页】

班　级	姓　名	项目名称	完 成 日 期	成　绩	自我评价
工作项目	工　作　内　容				
车灯检查	1. 牌照灯在灯光开关处于什么位置时点亮？ 2. 灯开关在什么位置时前照灯可以变光？ 3. 前后雾灯在灯光开关处于什么位置时点亮？				

项目三　玻璃喷洗器和刮水器的检查

【实训任务】
1. 掌握刮水器开关的操作方法。
2. 掌握玻璃喷洗器和刮水器检查的内容、技术要求。

【实训要求】
能独立、正确地完成喷洗器和刮水器的检查工作。

【实训对象】
玻璃喷洗器和刮水器。

【实训场景】
汽车维护实训车间，配备多媒体教学设备、卡罗拉整车、车轮挡块、三件套、抹布。

预备知识

一、检查目的

了解刮雨系统工作状况，发现并检修刮雨系统存在的故障或隐患，确保行车安全。

二、作业内容

1）喷洗器喷射压力、喷射位置及刮水器协同工作情况的检查。
2）刮水器挡位工作性能的检查。
3）刮水器刮水效果的检查。
4）刮水器复位功能的检查。

三、操作注意事项

1）进入车辆进行维护前要安放好车轮挡块。
2）不要随意进入车内起动车辆。
3）不能随意按举升机操纵开关。
4）要逐个、轻巧地操纵刮水器开关。
5）打开刮水器前要先打开喷洗器喷水清洗并确认风窗玻璃有无粗沙粒或其他杂物。

任务实施

一、刮水器开关的认识

1）喷洗器开关：开关拨到该挡位时，喷洗器喷水，刮水器同时低速工作，清除风窗玻璃上细小的灰尘、积雪。注意该挡不能定位（图6-3-1）。

图6-3-1　刮水器开关

2）除雾：开关拨到该挡时，刮水器低速工作，清除风窗玻璃上的水雾。注意该挡不能定位。

3）间歇挡：开关拨到该挡时，刮水器间隔数秒低速工作。该挡一般在蒙蒙细雨天气使用。

4）低速挡：开关拨到该挡时，刮水器连续低速工作。该挡一般在中小雨天气使用。

5）高速挡：开关拨到该挡时，刮水器连续高速工作。该挡一般在大雨、暴雨天气使用。

二、喷洗器和刮水器的检查

1. 喷洗器喷洗压力及刮水器协同工作情况的检查

（1）操作步骤

1）起动发动机。

2）把喷洗开关按箭头方向（自己方向）轻轻拨满行程后固定数秒（图6-3-2）。

3）检查喷洗液是否喷射有力、喷射点是否在刮水器工作范围内，刮水器是否协同工作。

（2）技术要求　喷洗液喷射有力、喷射点在刮水器工作范围内，刮水器协同工作（图6-3-3）。

图6-3-2　检查喷洗器

图6-3-3　喷洗器喷射效果

2. 刮水器挡位工作性能的检查

（1）操作步骤

1）起动发动机。

2）把刮水器挡位开关往下方拨到"▬"标记逐一对齐"间歇"、"低速"、"高速"挡。

3）检查刮水器在不同挡位工作是否正常有效，刮水片刮水效果是否良好。

（2）技术要求　各挡位工作应正常有效，刮水电动机运转无异响，连杆连接可靠。

3. 刮水器刮水效果的检查

（1）操作步骤

1）起动发动机。

2）刮水器挡位开关往下方拨到"▬"标记逐一对齐"间歇"、"低速"、"高速"挡。

3）检查刮水器在不同挡位时刮水片刮水效果是否良好。

（2）技术要求　刮水器工作时，风窗玻璃上应无残留条纹状或波纹状水痕。

4. 刮水器复位功能的检查

（1）操作步骤

1）刮水器挡位开关往上拨到OFF（关）位置。

2）检查刮水器是否完全复位。

（2）技术要求　关闭刮水器开关后，刮水器应能完全回到风窗玻璃下边缘（图6-3-4）。

图6-3-4　刮水器复位功能的检查

【项目工作页】

班　级	姓　名	项目名称	完成日期	成　绩	自我评价

工作项目	工作内容
刮水器开关	1. 刮水器开关有哪几个挡位？分别在什么情况下使用？ 2. 怎样判断刮水器各挡工作是否正常有效？ 3. 喷洗器和刮水器检查的内容有哪些？

项目四　喇叭和转向盘的检查

> 【实训任务】
> 了解喇叭、转向盘检查的内容，掌握检查方法、步骤、技术要求。
> 【实训要求】
> 能独立、正确地完成喇叭、转向盘的检查工作。
> 【实训对象】
> 喇叭、转向盘。
> 【实训场景】
> 汽车维护实训车间，配备多媒体教学设备、卡罗拉整车、车轮挡块、三件套、直尺、抹布。

预备知识

一、检查目的

了解喇叭、转向盘的工作状况，发现喇叭、转向盘存在的故障或隐患，便于及时检修，保证喇叭、转向盘工作正常，确保行车安全。

二、作业内容

1）检查喇叭的音量、音调。
2）检查转向盘的松动、摆动情况。
3）检查转向盘的自由行程。
4）检查转向盘的锁定功能。

三、操作注意事项

1）进入车辆进行维护前要安放好车轮挡块。
2）不要随意进入车内起动发动机。
3）不能随意按压举升机操纵开关。

任务实施

一、喇叭的检查

(1) 操作步骤

1）起动发动机。
2）在转向盘转动一圈的同时按压喇叭按垫（图6-4-1、图6-4-2）。

3）检查喇叭能否发出响声，音量和音调是否稳定合适。

（2）技术要求　喇叭音量、音调正常有效，符合规定。

图 6-4-1　转动转向盘

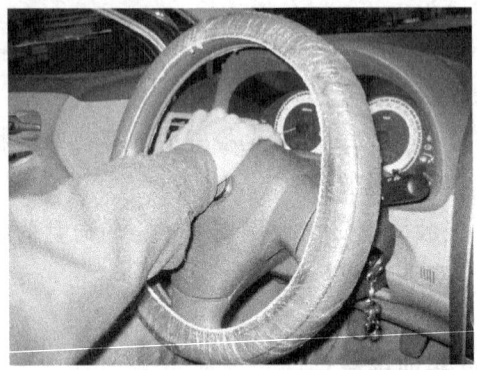

图 6-4-2　检查喇叭

二、检查转向盘

1. 检查转向盘松动、摆动情况（图 6-4-3）

（1）操作步骤

1）双手握住转向盘上下部位并轻轻地上下摇动。

2）双手握住转向盘左右部位，左右摆动转向盘。

（2）技术要求　无异常松动、摆动情况。

2. 检查转向盘自由行程（图 6-4-4）

（1）操作步骤

1）起动发动机，转动转向盘，摆正转向轮。

2）摆正转向盘，在转向盘上做一标记。

3）轻轻转动转向盘，在转向轮即将开始动作时，测量标记的移动量即为转向盘的自由行程。

（2）技术要求　自由行程需符合《维修手册》规定的参数范围。

3. 检查转向盘锁定功能

（1）操作步骤

1）点火开关钥匙转到 ACC 位置，钥匙应无法取出，顺时针转动转向盘应无法锁定。

2）点火开关钥匙转到 OFF 位置，钥匙应可顺利取出，顺时针转动转向盘可以锁定转向盘。

（2）技术要求　转向盘锁定功能正常有效。

图 6-4-3　检查转向盘松动、摆动情况

图 6-4-4　检查转向盘自由行程

【项目工作页】

班　　级	姓　　名	项目名称	完成日期	成　　绩	自我评价

工作项目	工作内容	
喇叭检查	1. 喇叭的检查内容有哪些？ 2. 检查喇叭好坏的标准是什么？	
转向盘检查	转向盘的检查内容是什么？有哪些技术要求？	

项目五 驻车制动器和行车制动器的检查

【实训任务】
了解驻车制动器和行车制动器检查的内容,掌握检查方法、技术要求。

【实训要求】
能独立、正确地完成驻车制动器和行车制动器的检查、调整作业。

【实训对象】
驻车制动器操纵杆和行车制动器制动踏板。

【实训场景】
汽车维护实训车间,配备多媒体教学设备、卡罗拉整车、车轮挡块、三件套、直尺、手电筒或工作灯、抹布。

预备知识

一、检查目的

了解驻车制动器和行车制动器的工作状况,及时发现驻车制动器和行车制动器存在的故障或隐患,以便及时检修,确保行车安全。

二、作业内容

1) 检查驻车制动器指示灯工作情况、操纵杆行程。
2) 检查行车制动器,踏板的高度、自由行程、行程余量和使用状况。
3) 检查制动助力器的工作状况、气密性和真空功能。

三、操作注意事项

1) 进入车辆进行维护前要安放好车轮挡块。
2) 不要随意进入车内起动车辆。
3) 不能随意按动举升机操纵开关。
4) 进入车内起动车辆时需注意放驻车挡。

任务实施

一、检查驻车制动器的指示灯

(1) 操作步骤

1) 把点火开关开至 ON 位置。

2）拉起驻车制动杆到达第一个槽口（图6-5-1），锁止齿响第一声时，指示灯应点亮（图6-5-2）。

（2）技术要求　指示灯应正常有效。

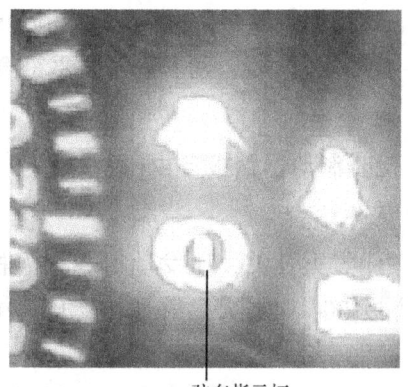

驻车指示灯

图6-5-1　拉起驻车制动杆　　　　图6-5-2　驻车指示灯点亮

二、检查驻车制动器的自由行程

（1）操作步骤

1）拉满驻车制动杆行程。

2）听锁止齿轮响声，应发出6~9响的响声，否则应调整制动杆行程，或检修后制动器。

（2）技术要求　制动杆行程应符合标准。

三、检查行车制动器制动踏板使用状况

（1）操作步骤

1）起动发动机。

2）踩下—松开行车制动器制动踏板数次，检查踏板是否能踩下和正常复位，是否灵敏，是否过度松动、有异响（图6-5-3）。

（2）技术要求　踏板能完全踩下和正常复位，反应灵敏，无过度松动和异响。

图6-5-3　检查制动器制动踏板的使用状况

四、检查制动器制动踏板高度

（1）操作步骤

1）起动并运转发动机。

2）踩、松踏板数次。

3）移开脚垫，取直尺测量踏板踩踏面与车厢底板之间的垂直距离，即为踏板的高度。

（2）技术要求　踏板高度要符合标准。如不合适则应调整踏板连杆上的调节装置。

五、检查制动器踏板行程余量

（1）操作步骤

1）移开车内脚垫，在发动机运转和松开驻车制动器状态下，把踏板踩到底。

2）取直尺测量踏板踩踏面与车厢底板之间的垂直距离，即为踏板的行程余量。

（2）技术要求　踏板行程余量要符合标准，如不合适则应调整踏板连杆上的调节装置。

六、检查制动器踏板自由行程（图6-5-4）

（1）操作步骤

1）关闭点火开关，让发动机熄火停机后，踩下制动踏板30~40次，解除制动助力器工作状态。

2）用手指轻轻按压制动踏板，同时用直尺测量踏板的移动量（图6-5-4），即为踏板自由行程。

（2）技术要求　踏板自由行程要符合标准，如不合适则应调整踏板连杆上的调节装置。

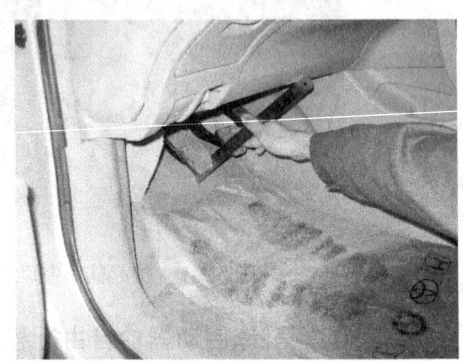

图6-5-4　检查制动器制动踏板的自由行程

七、检查制动助力器的工作状况

（1）操作步骤

1）关闭点火开关。

2）把制动器制动踏板踩到底后，起动发动机，此时踏板应自动下沉一定的行程。

（2）技术要求　起动发动机后踏板要下沉。

八、检查制动助力器的气密性

（1）操作步骤

1）起动发动机，让发动机运转1~2min后停机。

2）踩压制动器制动踏板3~4次，检查每次踩压后踏板返回的高度是否越来越高。

（2）技术要求　每次踩压后踏板返回的高度应越来越高。

九、检查制动助力器的真空功能

（1）操作步骤

1）起动发动机后，把制动器制动踏板踩到底。

2）关闭点火开关让发动机熄火，保持大约30s后，检查踏板的高度是否产生变化。

（2）技术要求　高度应不变。

【项目工作页】

班　级	姓　名	项目名称	完 成 日 期	成　绩	自我评价

工作项目	工 作 内 容	
驻车制动器的检查	1. 怎样检查驻车制动器的指示灯是否正常工作？	
	2. 怎样检查驻车制动器的自由行程？	
行车制动器的检查	1. 怎样检查行车制动器制动踏板的高度？	
	2. 怎样检查行车制动器制动踏板的自由行程？	

项目六　汽车车身内外部件的检查

【实训任务】
了解车身内外部件的检查内容，掌握检查方法、技术要求。

【实训要求】
能独立、正确地完成车身内外部件的检查作业。

【实训对象】
座椅、安全带、车门、油箱盖、行李箱盖、备用轮胎、车灯总成、空调空气滤清器滤芯、发动机舱盖。

【实训场景】
汽车维护实训车间，配备多媒体教学设备、卡罗拉整车、车轮挡块、三件套、抹布。

预备知识

一、检查目的

了解车身部件工作状况，发现车身各部件存在的故障或隐患，以便及时保养检修，使车辆保持良好的车况，确保行车安全。

二、作业内容

1）检查座椅的紧固状况。

2）检查安全带状况。

3）检查车门铰链、螺母、螺栓。

4）检查门灯工作状况。

5）检查油箱盖。

6）检查行李箱盖。

7）检查车灯总成。

8）检查悬架。

9）检查车身倾斜状况。

10）检查空调滤清器滤芯。

11）检查发动机舱盖螺栓。

12）打开机油加注孔盖。

三、操作注意事项

1）进入车辆进行维护前要安放好车轮挡块。

2）不要随意进入车内起动车辆。

3）不能随意按举升机操纵开关。

任务实施

一、准备工作

1）拉起油箱盖释放杆（图6-6-1）。

2）拉起行李箱盖释放杆。

3）拉起发动机舱盖释放杆。

4）顶灯开关拨到DOOR位（图6-6-2）。

5）按下电动窗按钮降下车窗玻璃。

6）释放驻车制动杆。

7）变速杆置于N位。

8）充足轮胎气压。

图6-6-1　拉起油箱盖、行李箱盖释放杆

图6-6-2　顶灯开关拨到DOOR

二、操作过程

1. 检查座椅的螺栓紧固状况

（1）操作步骤

1）抓住座椅侧面边缘。

2）往两侧前门方向推拉座椅。

（2）技术要求　座椅螺栓紧固正常，无异常松动（图6-6-3）。

2. 检查安全带状况

（1）操作步骤

1）拉出安全带，检查肩带和胯带两边表面是否有损坏、刮痕。

2）按下肩带导向器按钮，检查导向器是否上下灵活移动。

3）快速拉、放肩带，检查肩带安全锁定功能是否正常有效。

4）把安全带的带扣插进扣环，往上拉动安全带，检查扣环的锁止功能是否正常（图6-6-4）。

（2）技术要求　安全带表面无损伤、无刮痕；导向器、扣环的锁止功能正常有效。

图 6-6-3　座椅螺栓紧固正常

图 6-6-4　检查带扣、扣环锁止功能

3. 检查车门铰链的紧固状况

（1）操作步骤

1）抓住车门侧面边缘上下拉动车门，检查车门有无异常松动。

2）轻轻开、关车门，检查车门转动是否灵活、无阻滞。

（2）技术要求　车门螺栓紧固正常，铰链灵活、无异响。

4. 检查门灯开关

（1）操作步骤

1）在车外轻轻打开车门，观察门控灯（顶灯）是否点亮。

2）关闭车门，检查门灯指示灯（仪表上）是否熄灭。

（2）技术要求　打开车门，门控灯、指示灯应点亮（图 6-6-5）；关闭车门，门控灯、指示灯应熄灭。

图 6-6-5　门灯指示灯点亮

5. 检查车门儿童安全锁

（1）操作步骤

1）把儿童安全锁往下拨到底。

2）关上车门，检查能否从车内打开车门（图 6-6-6）。

（2）技术要求　锁止儿童安全锁后，不能从车内打开后车门。

a)　　　　　　b)

图 6-6-6　儿童安全锁

a）打开　b）锁止

6. 检查燃油油箱盖

(1) 操作步骤

1) 检查密封垫和真空阀。

① 拆下油箱盖（图6-6-7）。

② 观察油箱盖O形橡胶垫是否变形、凹陷或有损伤；真空阀是否粘结（图6-6-8）。

2) 检查扭矩限制器的工作情况。

① 装上油箱盖。

② 紧固油箱盖，应发出"咔嗒"声并能自由转动。

3) 检查附件：油箱盖能够被正确上紧。

(2) 技术要求　O形橡胶垫无变形、凹陷、损伤；扭矩限制器工作正常有效。

图6-6-7　检查油箱盖附件

图6-6-8　检查油箱盖O形橡胶垫、真空阀

7. 检查悬架

(1) 减振器减振效果的检查。

1) 操作步骤

① 双手按压汽车后部（图6-6-9）。

② 上下按压—松开车身，确定减振器的缓冲力的大小，检查车身停止摇动需要多长时间。

2) 技术要求：减振器缓冲应平缓有效。

(2) 车身倾斜检查

1) 操作方法：目测车辆是否倾斜。车身如有倾斜，则应检查轮胎气压、车辆负荷分配（图6-6-10）。

图6-6-9　检查减振力

2) 技术要求：车身无倾斜现象。

8. 检查车灯总成

(1) 操作步骤

1) 目测车灯灯罩表面是否有脏污、损坏（图6-6-11）。

2）用手轻轻上下或左右推动灯罩，检查车灯总成是否松动。

3）目测灯罩内是否有积水。

（2）技术要求　车灯表面无刮痕、损伤、脏污，总成无异常松动，内部无积水。

图6-6-10　检查车辆倾斜状况

图6-6-11　检查车灯总成

9. 检查备用轮胎

（1）检查气压应符合规定值（图6-6-12、图6-6-13）。

图6-6-12　轮胎标准胎压

图6-6-13　检查胎压

（2）检查漏气情况　在气门、钢圈与胎边结合面、胎面等部位周围涂抹肥皂水，检查轮胎有无漏气。这些部位应无漏气现象。

（3）轮胎正常磨损的检查

1）操作方法

① 用直尺测量轮胎花纹的深度。

② 用轮胎深度规测量轮胎花纹的深度（图6-6-14）。

③ 观察轮胎磨损标记（图6-6-15）。

2）技术要求：轮胎花纹深度应大于1.6mm，如磨损标记与胎面齐平则应更换轮胎。

（4）轮胎异常磨损的检查

1）操作步骤

① 转动车轮。

② 观察车胎整个外围，检查是否有双肩磨损、中间磨损、单肩磨损、跟部磨损现象

（图6-6-16）。

2）技术要求：车胎不应出现双肩磨损、中间磨损、单肩磨损、跟部磨损。

图6-6-14　用深度规测量轮胎花纹深度

图6-6-15　观察轮胎磨损标记

（5）钢圈的检查

1）操作步骤

① 观察钢圈是否损坏、变形。

② 用动平衡机检查是否跳动。

2）技术要求：钢圈无损坏、变形、生锈、跳动现象。

10. 检查空调空气滤清器滤芯

（1）操作步骤

1）拆下滤芯。

2）观察表面有无灰尘。

（2）技术要求　应清洁干净。

图6-6-16　轮胎异常磨损检查

11. 检查行李箱盖、发动机舱盖

（1）操作方法　如图6-6-17、图6-6-18所示，打开行李箱盖、发动机舱盖，并用相应的连接杆支撑。

图6-6-17　检查行李箱盖

图6-6-18　检查发动机舱盖

（2）技术要求　行李箱盖、发动机舱盖螺栓无异常松动。

12. 打开机油加注口并用干净软布盖住，为排放机油做准备

【项目工作页】

班　级	姓　名	项目名称	完成日期	成　绩	自我评价

工作项目	工作内容
座椅安全带	1. 怎样检查车门铰链的紧固状况？ 2. 座椅安全带起什么作用？在什么情况下起作用？ 3. 怎样检查座椅的固定情况？
燃油箱盖	如何检查燃油箱盖的真空阀和密封状况？

项目七 汽车底部油液泄漏情况和安装件的检查

任务一 汽车底部油液泄漏情况的检查

【实训任务】
了解检查的内容，掌握检查方法、技术要求。

【实训要求】
1. 能独立、正确地完成机油、手动变速器油的排放和机油滤清器的更换。
2. 能独立、正确地完成汽车底部油液的检查作业。

【实训对象】
冷却液、喷洗液、制动液、燃油、转向助力液、变速器油、驱动桥油、机油滤清器。

【实训场景】
汽车维护实训车间，配备多媒体教学设备、卡罗拉整车、劳保手套、机油回收机。

预备知识

一、检查目的

了解车辆底盘油液是否存在泄漏，以便对车辆进行保养与检修，使车辆保持良好的车况，防止汽车部件产生早期损坏，确保行车安全。

二、作业内容

1）检查发动机油底壳及排放螺塞、手动变速器油底壳及排放塞是否泄漏。
2）排放发动机机油及自动变速器驱动桥油。
3）检查冷却液、喷洗液、制动液、燃油、转向助力液是否泄漏。

三、操作注意事项

1）不能随意按举升机操纵开关。
2）机油回收桶应放在合适位置，避免溅出。
3）机油不要接触皮肤。
4）拆卸机油排放塞要掌握相关技巧。
5）安装机油滤清器时要在密封圈上涂抹新机油。

任务实施

一、准备工作

1)准备丰田卡罗拉汽车一辆、抹布4块、机油回收桶（机）、机油滤清器一个、机油滤清器专用扳手、世达组合工具各一套。

2)升起车辆，并将机油回收桶推至车辆油底壳下方，调节机油回收桶接油底壳至合适高度，做好放油前的准备工作。

二、操作过程

1. 检查发动机和自动变速器油底壳、排放塞、油封

（1）操作方法　观察油底壳、排放塞、油封接触面有无油液渗漏（图6-7-1、图6-7-2）。

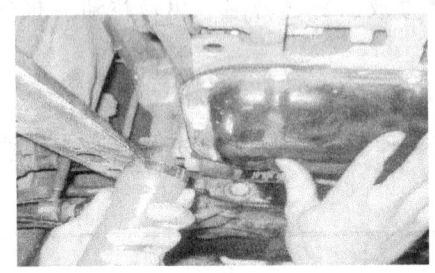

图6-7-1　检查机油油底壳、排油螺塞　　图6-7-2　检查变速器油底壳、排油螺塞

（2）技术要求　油底壳、排放塞等应密封良好。

2. 排放发动机机油和自动变速器油

（1）操作步骤

1)用扳手或套筒拧松排放塞。（图6-7-3）

2)取下排放塞让机油排入机油回收桶。（图6-7-4）

图6-7-3　拆卸机油排放塞　　　　图6-7-4　排放机油

3)排油完毕，更换排放塞垫片，然后以38N·m扭矩拧紧螺塞即可。

（2）技术要求

1）选用合适的工具进行拆卸，接油漏斗不可过低，防止机油溅出。

2）更换机油时，排放塞的垫片也要一起更换（为提高效率，在排放机油的同时，可进行其他项目的检查）。

3. 检查制动软管、制动卡钳、排气螺塞是否有油液渗漏现象（图6-7-5）

（1）操作方法 目视制动软管接口、制动卡钳、排气螺塞有无油液渗漏。

（2）技术要求 制动软管接口、制动卡钳、排气螺塞无油液渗漏。

图6-7-5 检查制动软管、制动卡钳、排气螺塞

4. 检查燃油和制动液管路、燃油箱是否有油液渗漏现象（图6-7-6）

（1）操作方法 目视管路的表面有无油液渗漏。

（2）技术要求 管路的表面、油箱无渗漏。

5. 检查减振器、转向机是否有油液渗漏现象

（1）操作方法 目视减振器、转向机表面有无渗漏的油迹（图6-7-7）。

图6-7-6 检查燃油和制动液管路

图6-7-7 检查减振器

（2）技术要求 减振器、转向机无渗漏现象。

【项目工作页】

班　级	姓　名	项目名称	完成日期	成　绩	自我评价
工作项目	工作内容					
发动机机油排放及底盘油液渗漏的检查	1. 机油排放时要注意哪几点？ 2. 底盘油液渗漏检查的部位包括哪些？				

任务二　汽车底部安装件的检查

【实训任务】
1. 了解底盘各部件，紧固螺栓、螺母的名称及作用。
2. 掌握底盘各部件，紧固螺栓、螺母的检查方法、技术要求。
3. 掌握扭力扳手和其他检查工具的使用。

【实训要求】
1. 能正确说出底盘各部件、紧固螺栓、螺母的名称。
2. 能独立、正确地完成底盘部件，紧固螺栓的检查紧固作业。
3. 能正确使用扭力扳手和其他检查工具。

【实训对象】
底盘安装件、底盘连接的螺栓、螺母、油滤清器。

【实训场景】
汽车维护实训车间，配备多媒体教学设备、卡罗拉整车、劳保手套、抹布、扭力扳手、世达组合工具、手电筒。

预备知识

一、检查目的

了解车辆底部部件的安装、紧固情况，以便对车辆进行保养与检修，使车辆保持良好的车况，确保行车安全。

二、作业内容

1）检查驱动轴护套、转向连接机构、制动管路、燃油管路、排气管及安装件、悬架。

2）检查底盘连接的螺栓、螺母。

3）更换机油滤清器。

4）更换机油排放塞垫片，安装机油排放塞。

三、操作注意事项

1）扭力扳手为精密仪器，应注意轻拿轻放，避免粗暴操作。

2）选择工具要合适，操作应正确规范。

3）工具使用完毕后，应及时清洁并摆放整齐。

4）不能随意按动举升机操纵开关。

任务实施

一、准备工作

1)准备丰田卡罗拉维修手册。

2)选择合适的套筒、接杆安装到扭力扳手上,并调节至相应扭矩后锁止。

二、操作步骤

1. 检查驱动轴护套、卡箍、润滑脂

(1)操作方法 把轮胎转向一侧,观察护套、卡箍外围(图6-7-8)。

图6-7-8 检查驱动轴护套和卡箍

(2)技术要求 护套无裂纹及其他损坏;卡箍安装正确、无损坏;无润滑脂泄漏。

2. 检查转向连接机构(图6-7-9、图6-7-10)

(1)松动和摇动检查

图6-7-9 转向横拉杆连接杆　　图6-7-10 检查转向连接机构

1)操作方法:用手晃动左右转向横拉杆。

2)技术要求:应无松动、无摆动。

(2)弯曲和损坏检查

1)操作方法:观察左右转向连接机构。

2)技术要求:应无弯曲、无损坏。

3. 检查前、后制动软管（图 6-7-11）

（1）操作方法　把前转向轮转到最大角度，对后制动软管直接观察。

（2）技术要求　制动软管不与车轮剐碰。

4. 检查燃油管路制动管路

观察燃油管、制动管应无扭曲、凹瘪，如图 6-7-12 所示。

图 6-7-11　检查制动软管　　　图 6-7-12　检查燃油、制动管路

5. 检查排气管接头、吊耳、消声器（图 6-7-13、图 6-7-14）

（1）操作方法　观察排气管接头、吊耳、消声器。

（2）技术要求　接头应无黑色废气泄露痕迹，吊耳、消声器无松脱、损坏。

图 6-7-13　检查排气管接头　　　图 6-7-14　检查排气管吊耳

6. 检查悬架

（1）损坏情况检查

1）操作方法：观察万向节、减振器、螺旋弹簧、稳定杆、下臂等组件（图 6-7-15、图 6-7-16）。

图 6-7-15　下臂、稳定杆、　　　图 6-7-16　检查减振器　减振弹簧
　　　　转向横拉杆连接杆

2）技术要求：悬架各组件应无弯曲、变形、裂纹等损坏现象。

（2）观察减振器上有无油液渗漏痕迹。

（3）连接摆动检查

1）操作方法：用手上下摇晃稳定杆、横拉杆连接杆；观察衬套外围。

2）技术要求：稳定杆、横拉杆连接杆无异常松动，无损坏；衬套无裂纹、损坏。

7. 检查底盘连接的螺栓和螺母是否松动（图6-7-17、图6-7-18）

图6-7-17　检查底盘部件连接螺栓、螺母（1）

图6-7-18　检查底盘部件连接螺栓、螺母（2）

1）中间梁与车身之间。

2）下臂与横梁之间。

3）球节与下臂之间。

4）横梁与车身之间。

5）下臂与横梁之间。

6）中间梁与横梁之间。

7）盘式制动器扭矩板与万向节之间。

8）球节与万向节之间。

9）减振器与万向节之间。

10）稳定杆连接杆与减振器之间。

11）稳定杆与稳定杆连接杆之间。

12）转向机外壳与横梁之间。

13）稳定杆与车身之间。

14）横拉杆端头锁止螺母之间。

15）横拉杆端头与万向节之间。

16）拖臂和桥梁与车身之间。

17）拖臂和桥梁与后轮毂之间。

18）制动分泵与背板之间。

19）稳定杆与拖臂和桥梁之间。

20）减振器与拖臂和桥梁之间。

21）减振器与车身之间。

8. 更换机油滤清器

（1）操作步骤

1）用机油滤清器专用扳手（SST）拆下机油滤清器并放入垃圾回收桶。

2）把机油滤清器安装面擦拭干净（图6-7-19）。

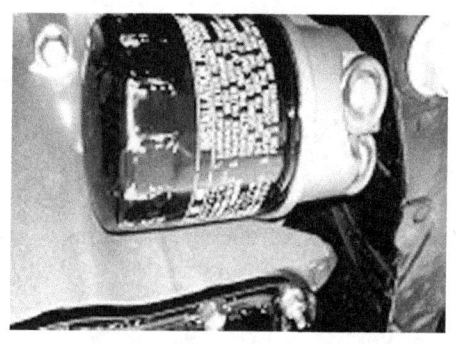

图 6-7-19　机油滤清器

3）拆下新机油滤清器的塑料包装膜，在机油滤清器的橡胶密封圈上均匀地抹上干净的新机油。

4）把新机油滤清器装到安装座上，先用手把机油滤清器拧到橡胶垫刚好贴合滤清器的安装端面后，用专用工具拧紧3/4圈即可（图6-7-20）。

（2）技术要求　拧紧机油滤清器时不能超过规定的旋紧圈数，否则会损坏密封圈，造成机油泄漏。

最后更换机油排放螺塞垫片、手动变速器油排放螺塞垫片，安装机油排放螺塞、手动变速器油排放螺塞，并按规定的扭矩紧固即可。

图 6-7-20　拆卸机油滤清器

【项目工作页】

班　级	姓　名	项目名称	完成日期	成　绩	自我评价

工作项目	工作内容
底盘螺栓检查	1. 检查底盘螺栓需要哪几种工具？ 2. 使用扭力扳手时要注意哪几点？ 3. 检查底盘螺栓时，套筒或扳手优先选择的顺序是什么？ 4. 检查底盘螺栓时，一般用推还是拉的方式？为什么？

项目八　车轮轴承、车轮和制动器的检查

任务一　车轮轴承的检查及车轮的拆卸与检查

【实训任务】
掌握车轮的拆卸方法和技术要求。
【实训要求】
能独立、正确地完成车轮轴承的检查及车轮的拆卸工作。
【实训对象】
车轮轴承和车轮。
【实训场景】
汽车维护实训车间，配备多媒体教学设备、卡罗拉整车、抹布、气动扳手、世达组合工具、直尺、轮胎深度规、气压表、劳保手套。

预备知识

一、检查目的

为了解车轮轴承及车轮的使用状况，及时发现车轮轴承及车轮存在的故障或隐患，以便及时检修，确保行车安全。

二、作业内容

1）车轮轴承摆动及异响的检查。
2）车轮的拆卸。
3）车轮的检查。

三、操作注意事项

1）使用气动扳手时，要注意挡位的选择并确保套筒安装牢固。
2）检查气动扳手旋转方向或转速时，气动扳手中不能装有套筒。
3）拆装车轮时，要按规定的扭力拆装车轮的螺栓和螺母。
4）不能随意按举升机操纵开关。

任务实施

一、准备工作

1）把车辆升起到轮胎中心与胸口平齐的位置，并锁止举升机。

2）把气动扳手挡位调整合适（一般选用2挡或3挡），选择合适的冲击套筒及延伸杆装入扳手中，并接上空压机气管。

3）变速杆置于N位，释放驻车制动器。

二、操作步骤

1. 车轮轴承摆动的检查（图6-8-1）

（1）操作方法　两手分别放在轮胎的上下，用力前后推拉车轮，检查轴承有无松动。

图6-8-1　检查车轮轴承

（2）技术要求　轴承应无异常松动现象。

2. 转动状况和噪声检查

（1）操作方法　用手转动车轮，观察车轮是否能平稳转动，倾听有无异响。

（2）技术要求　车轮转动时应平稳，无异响。

3. 拆卸车轮

（1）操作步骤

1）把气动扳手调整至2挡或3挡（图6-8-2）。

图6-8-2　调整扳手挡位、检查旋转方向

2）按三角形的方向对角分两次拧松车轮锁紧螺母（图6-8-3），分别拆卸前后、左右四个车轮（图6-8-4）。

（2）技术要求

1）按三角形的方向对角拧松车轮锁紧螺母，扳手的挡位不应选择太高。

2）不应把五颗锁止螺母一次性松完取出，应有一颗只松 1/3 圈留在最后，用手固定车轮后才全部拧松取下，防止车轮滑落。

3）拆下的螺母、轮胎应按顺序摆放整齐。

图 6-8-3　拆卸车轮锁止螺母

图 6-8-4　摆放车轮

4. 检查车轮

1）检查内容包括气压检查、漏气检查、钢圈是否变形或损坏检查、轮胎磨损检查、轮胎异物嵌入检查。

2）检查气压、漏气，钢圈是否变形或损坏、轮胎磨损方法与备用轮胎的检查方法相同。

3）技术要求与备用轮胎的技术要求相同。

4）轮胎异物嵌入检查（图 6-8-5）

① 检查方法：转动轮胎，观察胎槽内有无石头、玻璃或铁钉等嵌入物。

② 技术要求：胎槽内应无石头、玻璃或刺入铁钉等。

图 6-8-5　检查车轮

【项目工作页】

班　　级	姓　　名	项目名称	完成日期	成　　绩	自我评价
工作项目	工作内容					
轮胎拆装检查	1. 使用气动扳手拆卸轮胎时要注意哪几点？ 2. 轮胎拆下后主要检查哪些项目？				

任务二 盘式制动器的拆卸与检查

【实训任务】
1. 掌握拆卸盘式制动器的方法和技术要求。
2. 掌握盘式制动器的检查内容、检查方法和技术要求。

【实训要求】
1. 能正确拆卸盘式制动器各部件。
2. 能对制动器各部件进行正确检查。

【实训对象】
制动卡钳、制动片和制动盘。

【实训场景】
汽车维护实训车间,配备多媒体教学设备、卡罗拉整车、抹布、世达组合工具、直尺、外径千分尺、指示表、劳保手套。

预备知识

一、检查目的

为了解盘式制动器使用状况,及时发现盘式制动器存在的故障或隐患,以便及时检修,确保行车安全。

二、作业内容

1) 制动卡钳和制动片的拆卸。
2) 制动卡钳、制动片和制动盘的检查。

三、操作注意事项

1) 使用气动扳手时,要注意挡位的选择并确保套筒安装牢固。
2) 检查气动扳手旋转方向或转速时,气动扳手中不能装入套筒。
3) 不能随意按举升机操纵开关。

任务实施

一、制动卡钳、制动片的拆卸(图6-8-6)

(1) 操作步骤
1) 选择合适的工具把卡钳紧固螺栓拧松取下。
2) 卸下制动卡钳,用铁钩挂在减振弹簧上。
3) 取下制动片,用干净软布把制动片和制动

图6-8-6 拆卸制动卡钳

盘擦拭干净。

（2）技术要求　不要将软管从制动卡钳上拆卸下来。

二、制动卡钳的检查

（1）操作方法　目视制动活塞有无油液渗漏。

（2）技术要求　制动活塞无油液渗漏现象。

三、制动片的检查（图 6-8-7 ~ 图 6-8-9）

（1）操作步骤

1）目视制动片是否磨损均匀、磨损过度。

2）用直尺分三个点测量制动片的厚度。

图 6-8-7　测量制动摩擦片（点一）　　图 6-8-8　测量制动摩擦片（点二）

图 6-8-9　测量制动摩擦片（点三）

（2）技术要求　测量参数符合卡罗拉《维修手册》的规定。

四、制动转子盘的检查与测量

（1）表面刮痕、损伤检查

1）操作方法：目视制动盘有无刮痕和损伤。

2）技术要求：制动盘表面无刮痕和损伤。

（2）制动盘的测量（图 6-8-10）

1）厚度测量

① 操作步骤

图 6-8-10　测量制动转子盘厚度

a. 选择合适的外径千分尺并校准。

b. 在离转子盘边缘 10mm 处，相隔约 60°选择三个测量点。

c. 把制动盘擦拭干净后，放入千分尺并旋转棘轮盘使测砧贴合制动盘，棘轮响三声即可。

d. 锁紧锁止装置，读出刻度盘读数即可。比较三次测量数值，判断磨损是否均匀。

② 技术要求：制动盘磨损量不应大于 2mm。

2) 制动盘径向圆跳动量的测量

① 操作步骤

a. 选择合适的指示表，并把指示表预紧后安装到安装架上。

b. 把指示表安装架固定在制动盘上方悬架处（图 6-8-11）。

c. 把指示表测杆压在制动盘上进行预紧并校准。

d. 转动制动盘，读出指示表指针移动的小格数，即为制动盘的径向圆跳动量（图 6-8-12）。

图 6-8-11　安装指示表及固定架　　　图 6-8-12　调整指示表

② 技术要求：测量参数符合卡罗拉《维修手册》的规定，径向圆跳动量极限小于 0.05mm。

五、制动器的安装

（1）操作方法　按拆卸时相反的顺序安装制动片和制动卡钳。

（2）技术要求　部件的安装要正确、到位，紧固螺栓扭矩符合《维修手册》的规定值。

【项目工作页】

班　　级	姓　　名	项目名称	完成日期	成　　绩	自我评价

工作项目	工作内容
制动片的拆装与检测	1. 写出检查制动摩擦片的步骤。 2. 如何检查制动转子盘？

任务三　制动拖滞的检查及车轮的安装

【实训任务】
1. 掌握制动拖滞的检查方法。
2. 掌握车轮的安装方法。

【实训要求】
能独立、正确地进行制动拖滞的检查及车轮的安装工作。

【实训对象】
制动器和车轮。

【实训场景】
汽车维护实训车间，配备多媒体教学设备、卡罗拉整车、抹布、世达组合工具、气动扳手、劳保手套。

预备知识

一、检查目的

为了解盘式制动器的安装情况，及时发现盘式制动器存在的隐患，以便及时检修，确保行车安全。

二、作业内容

1）检查制动器是否拖滞。
2）安装车轮。

三、操作注意事项

1）使用气动扳手时，要注意挡位的选择并确保套筒安装牢固。
2）检查气动扳手旋转方向或转速时，气动扳手中不能装有套筒。
3）不能随意按动举升机操纵开关。
4）检查制动器拖滞时，要临时安装螺母对制动盘进行紧固。

任务实施

一、检查制动器是否拖滞（图6-8-13）

（1）操作方法　顺时针或逆时针转动转子盘，检查转子盘有无拖滞现象。
（2）技术要求　转子盘转动平稳、无拖滞现象。

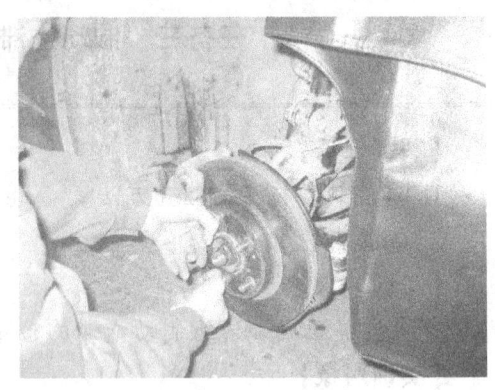

图 6-8-13　制动器拖滞检查

二、安装车轮

（1）操作方法　双手抱住车轮下部，将轮胎装到轮毂上，一手按住轮胎，另一手将轮胎螺母安装到螺栓上，对螺母进行初步预紧。

（2）技术要求　要对角分两次预紧车轮轮毂的螺母。

【项目工作页】

班　　级	姓　　名	项目名称	完　成　日　期	成　　绩	自我评价
工 作 项 目	工　作　内　容					

工作项目	工作内容
轮胎的安装	1. 怎样检查车轮是否有拖滞现象？ 2. 安装轮胎有哪些技巧？ 3. 组合工具由哪几件工具组成？

项目九　发动机舱的检查

任务一　发动机起动前的检查

【实训目标】
1. 掌握机油加注技能。
2. 掌握起动发动机前发动机舱检查的内容、方法及技术要求。

【实训要求】
1. 能正确地加注机油。
2. 能独立、正确地完成起动发动机前发动机舱的检查作业。

【实训对象】
机油、制动液及制动管路、蓄电池、散热器盖、冷却液、冷却系软管、火花塞、空气滤清器。

【实训场景】
汽车维护实训车间，配备多媒体教学设备、卡罗拉整车、抹布、火花塞套筒、机油、漏斗、空气滤清器滤芯、劳保手套。

预备知识

一、检查目的

了解发动机舱部件状况，发现发动机舱部件存在的故障或隐患，便于及时检修，确保行车安全。

二、作业内容

1）加注机油。
2）检查更换空气滤清器。
3）检查蓄电池。
4）检查散热器盖。
5）检查火花塞。
6）检查转向助力液。

三、操作注意事项

1）正确使用工具、量具。
2）如机油沾到皮肤应立即清洗。
3）不可随意起动发动机，如需起动发动机时要把变速杆置于 P 或 N 位。

4）不能随意按举升机操纵开关。

任务实施

一、准备工作

1）降下车辆，待车辆完全接触地面后，安放车轮挡块。

2）拉满驻车制动杆行程，并把变速杆置于 P 或 N 位。

3）拉起发动机舱盖释放杆，打开并支撑稳固发动机舱盖。

4）安放前格栅布、翼子板布。

二、操作步骤

1. 加注机油

1）操作方法：如图 6-9-1 所示。

2）技术要求：按卡罗拉《维修手册》规定的加注量和加注牌号加注机油。

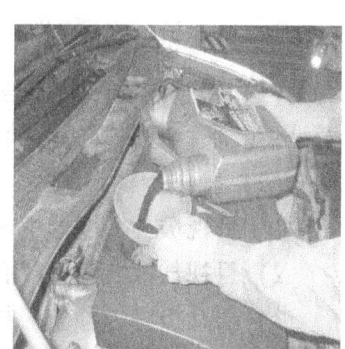

图 6-9-1　加注机油

2. 检查、更换空气滤清器滤芯

（1）检查、清洁滤芯、滤清器盖

1）操作步骤

① 打开空气滤清器的外壳。

② 取出滤芯进行观察，检查滤芯是否有灰尘、积聚微粒或者破裂。

③ 检查滤清器盖内是否有污物。

④ 如灰尘较少，可用压缩空气由内往外向滤芯吹喷，清除滤芯表面灰尘及脏污物，并清除滤清器盖内的污物；如灰尘较多，则更换滤芯（图 6-9-2、图 6-9-3）。

图 6-9-2　清洗滤芯

图 6-9-3　拆卸空气滤清器滤芯

2）技术要求：滤芯、滤清器盖干净、无破损。

（2）检查、安装空气滤清器

1）操作方法：检查空气滤清器滤芯上的橡胶密封情况，确保其没有裂纹或其他损坏后，装入滤芯，盖上盖子并把锁扣扣好即可（图6-9-4）。

2）技术要求：橡胶密封良好、无裂缝、锁扣锁止牢固。

3. 检查蓄电池（图6-9-5）

图6-9-4　安装空气滤清器滤芯　　　图6-9-5　检查蓄电池

（1）检查内容　极柱是否氧化、有断裂，电缆桩头是否氧化生锈、松动，端盖及外壳是否鼓胀、有裂纹，电量是否充足。

（2）操作步骤

1）目视极柱、电缆、端盖、外壳有无氧化、断裂、生锈、裂纹情况。

2）目视加液孔盖透气孔是否堵塞、加液孔盖是否损坏。

3）摇动极柱，检查极柱是否松动。

4）测量蓄电池电压：打开数字万用表电源开关，将万用表量程调到直流电压挡50V量程，红表笔接蓄电池"＋"极，黑表笔接"－"极，显示屏读数即为蓄电池电压。

（3）技术要求　极柱无氧化、无断裂，电缆头无氧化、无生锈、无松动，端盖及外壳无鼓胀、无裂纹现象；电量应充足。

4. 检查散热器盖（图6-9-6）

（1）操作步骤

1）观察散热器盖橡胶垫是否变形、损坏。

2）按压散热器盖压力阀，检查弹力是否充足。

（2）技术要求　橡胶垫无变形、损坏，压力阀弹力有效正常。

5. 检查火花塞

（1）检查裙部陶瓷、电极颜色、跳火情况、电极间隙。

（2）操作步骤

图6-9-6　检查散热器盖橡胶垫、压力阀

1）观察火花塞裙部陶瓷是否断裂，中心电极、侧电极是否积炭，电极颜色是否正常（图 6-9-7）。

图 6-9-7　检查火花塞

2）把火花塞装入火花塞帽后搭铁，起动发动机对火花塞进行跳火试验，观察火花塞跳火情况。

3）用塞尺测量中心电极与侧电极间隙。

（3）技术要求　陶瓷无断裂，电极无积炭，电极颜色呈正常的褐色，电极火花呈蓝色，火花集中、连续。

6. 检查转向助力液（图 6-9-8）

图 6-9-8　检查转向液液位

（1）检查液位和渗漏情况。

（2）操作步骤

1）液位检查

① 发动机未起动状态下，检查转向助力液液位。

② 起动发动机，并使发动机怠速运转。

③ 车辆保持不动，左右转动转向盘，让转向轮转到最大角度，使转向助力液温度上升到 40~80℃，再把转向盘转到中间位置。

④ 检查助力液液位，对比发动机起动前和起动后并怠速运转时液面的高度差。

2）观察转向液储液罐和连接管路有无渗漏现象，油液颜色是否浑浊。

（3）技术要求　转向液液位应在规定范围内，连接管路无渗漏现象。

【项目工作页】

班　级	姓　名	项目名称	完成日期	成　绩	自我评价

工作项目	工作内容
机油加注 与空气滤清器 滤芯的更换	1. 机油加注前应做哪些准备工作？ 2. 写下自己所知道的润滑油牌号。

任务二 起动发动机、暖机过程中和暖机后的检查

> 【实训任务】
> 1. 掌握 PCV 系统的检查内容、检查方法和技术要求。
> 2. 掌握冷却系的检查内容、检查方法和技术要求。
>
> 【实训要求】
> 1. 能独立、正确地完成车轮轮毂螺母的紧固作业。
> 2. 能独立、正确地完成 PCV 系统、冷却系检查作业。
>
> 【实训对象】
> 车轮、PCV 系统和冷却系。
>
> 【实训场景】
> 汽车维护实训车间,配备多媒体教学设备、卡罗拉整车、扭力扳手、世达组合工具、抹布、劳保手套。

预备知识

一、作业内容

1)紧固车辆轮毂螺母。
2)检查 PCV 阀及其连接软管。
3)检查冷却系软管及冷却液液位。
4)检查空调制冷剂量。
5)检查更换自动变速器油。

二、操作注意事项

1)正确使用工具。
2)不可随意起动发动机,如需起动发动机时要把变速杆置于 P 或 N 位。
3)不能随意按举升机操纵开关。

任务实施

一、紧固车辆轮毂螺母(图 6-9-9)

(1)操作步骤

1)选择合适的套筒和延伸杆装入扭力扳手。

2)把扭力扳手调到《维修手册》规定扭力的1/2,并按对角的顺序对轮毂螺母进行第一次紧固。用刻度

图 6-9-9 紧固车辆轮毂螺母

盘式扭力扳手或预置式扭力扳手均可。

3）把扭力扳手调到《维修手册》规定的扭力，并按对角的顺序对轮毂螺母进行第二次紧固，一般为103N·m。

（2）技术要求　选用的工具要合适，并按规定的扭力分两次紧固。

二、检查PCV阀及其连接软管

（1）检查的内容

1）检查PCV阀工作是否正常。

2）检查软管是否有裂纹或损坏。

（2）操作步骤

1）起动发动机。

2）用手夹紧—松开PCV阀连接软管数次，听PCV阀有无发出"嘀嗒"声。

3）观察PCV阀连接软管是否有裂纹、凸起、扭曲等损坏或漏气情况。

（3）技术要求　PCV阀应正常有效，连接软管应无裂纹、凸起、扭曲及漏气现象。

三、检查冷却系软管及冷却液液位（图6-9-10）

（1）操作步骤

1）观察冷却液液位是否正常，散热器连接软管是否松脱，有无裂纹、渗漏现象。

2）检查卡箍是否松动。

3）观察储液罐液位。

（2）技术要求　散热器连接软管无松脱、裂纹、渗漏现象，卡箍安装紧固，液位符合标准。

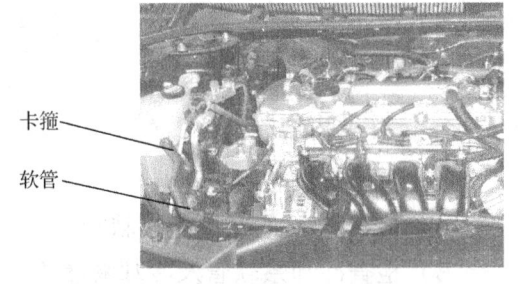

图6-9-10　检查冷却系软管及冷却液液位

四、检查空调制冷剂量（图6-9-11～图6-9-13）

（1）操作步骤

1）起动发动机，并使发动机转速保持在1500r/min。

2）把空调AC开关旋转至ON位置。

图6-9-11　打开空调并调节温度

图6-9-12　目视观察窗冷剂气泡

图 6-9-13　制冷剂气泡状态

3）将鼓风机风速调到"高"位。

4）温度控制旋钮调至"最底"并打开所有车门。

5）通过观察窗观察制冷剂的流量来判断制冷剂量。空调观察窗在机舱内右前方冷却液储液罐附近。

（2）技术要求　观察窗内应有气泡产生，气泡面积应占观察窗面积的1/3。

五、检查并更换自动变速器油

（1）操作步骤

1）起动发动机让发动机怠速运转。

2）把变速杆从 P 到 B（图 6-9-14）顺序换挡，再按 B 到 P 的顺序拉回来。

3）拉出油尺，用抹布擦干净后再插回油尺导轨中。

4）再次拉出油尺，检查变速器油油位是否在"HOT"（热机）范围，同时检查其油质，视情况进行更换。

图 6-9-14　自动变速器挡位

（2）技术要求　油尺插回导轨时，要完全插到底；检查时，油尺与地面约成45°；热机时，油位要在规定的位置。油质应符合使用要求。

提示

液位应当在发动机正常运转时检查，液温75℃左右，如有渗漏现象此时液位也不会下降。因此，当液位较低时，应先检查有无渗漏、油温是否正常。

六、检查机油液位

发动机熄火超过5min后，检查机油的液位，液位应在规定范围内，否则添加至合适位置。

【项目工作页】

班　　级	姓　　名	项目名称	完 成 日 期	成　　绩	自我评价

工 作 项 目	工 作 内 容
空调检查	1. 检查空调的步骤有哪些？ 2. 汽车制冷剂的型号是什么？怎样判断制冷剂量是否合适？

项目十　复检及恢复清洁

【实训任务】

掌握复检及恢复清洁的作业内容和操作方法和技术要求。

【实训要求】

1. 能独立、正确地完成复检作业。

2. 能独立、正确地完成恢复清洁作业。

【实训对象】

发动机机油、制动液、更换部件等的安装状况，翼子板布、前格栅布、车身。

【实训场景】

汽车维护实训车间，配备多媒体教学设备、卡罗拉整车、手电筒、抹布、劳保手套。

预备知识

一、作业内容

1）检查制动液、发动机机油、变速器油等是否渗漏。

2）检查更换部件等的安装情况。

3）拆卸翼子板布、前格栅布。

4）清洁车身外部、内部。

5）调整收音机、时钟、座椅位置。

二、操作注意事项

1）进车辆前要安放好车轮挡块。

2）进入车内起动车辆时需注意放驻车挡。

3）不能随意按举升机操作按钮。

4）不能随意起动发动机。

任务实施

一、复检

(1) 准备工作　变速杆置于 N 位，松开驻车制动杆，把车辆举升到合适的高度。

(2) 操作步骤

1）检查底盘油液是否有渗漏现象：检查冷却液、机油、变速器油、前制动器制动液、燃油、后制动器制动液。

2) 检查更换部件等安装情况。

(3) 技术要求　底盘无油液渗漏现象，部件安装正确、到位。

二、恢复清洁

(1) 准备工作　降下车辆，变速杆置于 P 位，拉起驻车制动杆，安放车轮挡块。

(2) 操作步骤

1) 拆卸前格栅布、翼子板布。

2) 清洁车辆外部车身（图 6-10-1）。

图 6-10-1　清洁车身

① 用干净软抹布粘一些中性洗洁剂清洁前格栅、翼子板、风窗玻璃、车窗玻璃、车门、后风窗玻璃、后视镜及车身其余部位。

② 用干净抹布把清洁过的部位擦拭干净。

3) 清洁车辆内部

① 用干净软布粘一些中性洗洁剂清洁仪表、仪表台、烟灰缸、驻车制动杆防护罩等部位。

② 用干净抹布把清洁过的部位擦拭干净。

(3) 技术要求　车身内外车容整洁。

【项目工作页】

班　　级	姓　　名	项目名称	完成日期	成　　绩	自我评价

工 作 项 目	工 作 内 容
复检及恢复清洁	1. 车辆复检有哪些注意事项？ 2. 车身外部恢复清洁步骤有哪些？ 3. 车身内部恢复清洁步骤有哪些？

附录 丰田卡罗拉轿车40000km维护与保养作业工单

汽车二级维护项目——作业表
维护项目作业表　[顶起位置1（1/4）]

姓名_____　班级_____　分数_____

定期保养项目（本页共有 __28__ 项）

预检工作

驾驶员座椅
- （001）　安装座椅套
- （002）　安装底板垫
- （003）　安装转向盘套
- （004）　拉起发动机舱盖释放杆

车辆前部
- （005）　打开发动机舱盖
- （006）　安装翼子板布
- （007）　安装前格栅布
- （008）　安装车轮挡块

发动机舱
- （009）　检查发动机冷却液液位
- （010）　检查发动机机油液面
- （011）　检查制动液液位
- （012）　检查喷洗器液面

驾驶员座椅

左　右

车灯
- （013）　检查示宽灯点亮
- （014）　检查牌照灯点亮
- （015）　检查尾灯点亮
- （016）　检查大灯（近光）点亮
- （017）　检查大灯（远光）和指示灯点亮
- （018）　检查大灯闪光开关和指示灯点亮
- （019）　检查转向信号灯和指示灯点亮
- （020）　检查危险报警闪光灯和指示灯点亮
- （021）　检查制动灯点亮（尾灯点亮时）
- （022）　检查倒车灯点亮
- （023）　检查转向开关自动返回功能
- （024）　检查仪表板照明灯点亮
- （025）　检查顶灯点亮
- （026）　检查组合仪表警告灯（点亮和熄灭）

左　右　前风窗玻璃喷洗器
- （027）　检查喷射力、喷射位置　　　　　　目测
- （028）　检查喷射时刮水器联动　　　　　　目测

维护项目作业表 ［顶起位置1（2/4）］

姓名_____ 班级_____ 分数_____

定期保养项目（本页共有 __27__ 项）

左	右			
		前风窗玻璃刮水器		
□	□	（029）	检查工作情况（低速）	
□	□	（030）	检查工作情况（高速）	
□	□	（031）	检查自动回位位置	
□	□	（032）	检查刮水状况	目测
		喇叭		
□		（033）	检查工作情况	
		驻车制动器		
□		（034）	检查驻车制动杆行程	
		（035）	检查驻车制动器指示灯点亮	
		制动器		
□		（036）	检查制动器制动踏板应用状况（响应性）	
□		（037）	检查制动器制动踏板应用状况（完全踩下）	
□		（038）	检查制动器制动踏板应用状况（异常噪声）	
□		（039）	检查制动器制动踏板应用状况（过度松动）	
□		（040）	测量制动器制动踏板高度	
□		（041）	测量制动器制动踏板自由行程	
□		（042）	检查制动助力器工作情况（下沉）	
□		（043）	检查制动助力器真空功能（控制阀：高度不变）	
		转向盘		
□		（044）	测量自由行程	
□		（045）	检查松弛和摆动	
□		（046）	检查点火开关在ACC位置时，转向盘能否自由转动	
		外部检查准备		
□		（047）	打开行李箱门	
□		（048）	打开燃油盖	
□		（049）	将顶灯开关旋至"DOOR"	
□		（050）	将变速杆置于空挡	
□		（051）	释放驻车制动杆	

左前车门

门控灯开关

□	（052）	检查工作情况（顶灯和指示器灯工作情况）

车身螺母和螺栓

□	（053）	检查座椅安全带的螺栓和螺母是否松动
□	（054）	检查座椅的螺栓和螺母是否松动
□	（055）	检查车门的螺栓和螺母是否松动

维护项目作业表 [顶起位置1（3/4）]

姓名_____　　班级_____　　分数_____

定期保养项目（本页共有__18__项）

左后车门

门控灯开关

（056）　检查工作情况（顶灯和指示灯工作情况）

螺母和螺栓

（057）　检查座椅安全带的螺栓和螺母是否松动

（058）　检查座椅的螺栓和螺母是否松动

（059）　检查车门的螺栓和螺母是否松动

油箱盖

油箱盖

（060）　检查是否变形和损坏

（061）　检查连接状况

后部

左　　　右

车灯

（062）　检查安装状况

（063）　检查是否损坏和有污垢

备用轮胎

（064）　检查是否有裂纹和损坏

（065）　检查是否嵌入金属颗粒或其他异物

（066）　测量胎面沟槽深度（测量直尺）

（067）　检查是否有异常磨损

（068）　检查气压

（069）　检查是否漏气

（070）　检查钢圈是否损坏或腐蚀

螺母和螺栓

（071）　检查行李箱门的螺栓和螺母是否松动

左　　　右

后悬架

（072）　检查减振器的阻尼状态

（073）　检查车辆倾斜度

维护项目作业表 [顶起位置1（4/4）]

姓名_____ 班级_____ 分数_____

定期保养项目（本页共有 __14__ 项）

右后车门

门控灯开关
- (074) 检查工作情况（顶灯和指示灯工作情况）

螺母和螺栓
- (075) 检查座椅安全带的螺栓和螺母是否松动
- (076) 检查座椅的螺栓和螺母是否松动
- (077) 检查车门的螺栓和螺母是否松动

右前车门

门控灯开关
- (078) 检查工作情况（顶灯和指示灯工作情况）

螺母和螺栓
- (079) 检查座椅安全带的螺栓和螺母是否松动
- (080) 检查座椅的螺栓和螺母是否松动
- (081) 检查车门的螺栓和螺母是否松动

前部

左 右

前悬架
- (082) 检查减振器的阻尼状态
- (083) 检查车辆倾斜度

左 右

灯
- (084) 检查安装状况
- (085) 检查是否损坏和有污垢

发动机舱
- (086) 检查发动机舱盖的螺栓和螺母是否松动
- (087) 拆卸机油加注口盖

维护项目作业表 [顶起位置 3（1/2）]

姓名_____　　班级_____　　分数_____

定期保养项目（本页共有__25__项）

> **底盘**

发动机机油（排放）
- (088)　检查是否漏油（发动机各部位的配合表面）
- (089)　检查是否漏油（油封）
- (090)　检查是否漏油（排放塞）
- (091)　排放发动机机油

传动带
- (092)　检查是否变形
- (093)　检查是否损坏（磨损、裂纹、脱层或其他损坏）
- (094)　检查安装状况（传动带张紧力检查）

左　右　驱动轴护套
- (095)　检查是否有裂纹、损坏（外侧）
- (096)　检查是否有裂纹、损坏（内侧）
- (097)　检查是否有泄漏（外侧）
- (098)　检查是否有泄漏（内侧）

左　右　转向连接机构
- (099)　检查是否松动和摇摆
- (100)　检查是否弯曲和损坏
- (101)　检查防尘套是否有裂纹和损坏

制动管路
- (102)　检查是否泄漏
- (103)　检查制动管路上的压痕或其他损坏
- (104)　检查制动管路软管扭曲、裂纹和凸起
- (105)　检查制动器管道和软管的安装状况（松旷）

燃油管路
- (106)　检查燃油是否泄漏
- (107)　检查燃油管路是否损坏

排气管和安装件
- (108)　检查排气管是否损坏
- (109)　检查消声器是否损坏
- (110)　检查排气管吊挂是否损坏或脱落
- (111)　检查密封垫片是否损坏
- (112)　检查排气管是否泄漏

维护项目作业表 [顶起位置 3 (2/2)]

姓名_____　　班级_____　　分数_____

定期保养项目（本页共有__30__项）

左	右		
		悬架	
☐	☐	（113）	检查是否损坏（万向节）
☐	☐	（114）	检查是否损坏（前减振器）
☐	☐	（115）	检查是否损坏（后减振器）
☐	☐	（116）	检查是否泄漏（前减振器）
☐	☐	（117）	检查是否泄漏（后减振器）
☐	☐	（118）	检查是否损坏（前减振器螺旋弹簧）
☐	☐	（119）	检查是否损坏（后减振器螺旋弹簧）
☐	☐	（120）	检查是否损坏（下臂）
☐	☐	（121）	检查是否损坏（稳定杆）
☐	☐	（122）	检查是否损坏（拖臂和后桥）
		发动机油排放塞	
☐		（123）	更换排放塞衬垫
☐		（124）	安装紧固排放塞
		螺母和螺栓（车辆底部）	
		前悬架	
☐	☐	（125）	前下悬架臂 × 前悬架横梁
☐	☐	（126）	前下球节 × 前下悬架臂
☐	☐	（127）	前悬架横梁 × 车身
☐	☐	（128）	前制动卡钳 × 万向节
☐	☐	（129）	前减振器 × 万向节
☐	☐	（130）	稳定杆连杆 × 前减振器
☐	☐	（131）	稳定杆 × 稳定杆连杆
☐	☐	（132）	前悬架横梁前支架 × 前悬架横梁
☐	☐	（133）	前悬架横梁后支架 × 前悬架横梁
☐	☐	（134）	前悬架横梁加强件 × 前悬架横梁
☐	☐	（135）	横拉杆端头锁止螺母（检查）
☐	☐	（136）	横拉杆端头 × 万向节（检查）
☐		（137）	转向机壳 × 前横梁
		后悬架	
☐	☐	（138）	后桥横梁总成 × 车身
☐		（139）	制动分泵 × 背板
☐		（140）	后减振器 × 后桥横梁总成
		其他	
☐		（141）	排气管
☐		（142）	燃油箱

维护项目作业表 [顶起位置4]

姓名_____ 班级_____ 分数_____

定期保养项目（本页共有 __22__ 项）

制动系统

左　右

车轮轴承

（143）　检查有无摆动

（144）　检查转动状况和噪声

（145）　拆卸车轮（左前右后）

轮胎

（146）　检查是否有裂纹和损坏

（147）　检查是否嵌入金属碎片和异物

（148）　测量胎面沟槽深度

（149）　检查轮胎异常磨损

（150）　测量轮胎气压

（151）　检查轮胎漏气

（152）　检查钢轮损坏或腐蚀

盘式制动器（左前）

（153）　目视检查制动器摩擦片厚度（内侧）

（154）　测量制动器摩擦片厚度（外侧）

（155）　检查制动器摩擦片的不均匀磨损

（156）　检查盘式转子盘磨损和损坏

（157）　盘式转子盘厚度检查

（158）　检查制动卡钳处有无制动液泄漏

盘式制动器（右后）

（159）　目视检查制动器摩擦片厚度（内侧）

（160）　测量制动器摩擦片厚度（外侧）

（161）　检查制动器摩擦片的不均匀磨损

（162）　检查盘式转子盘磨损和损坏

（163）　盘式转子盘厚度检查

（164）　检查制动卡钳处有无制动液泄漏

维护项目作业表 [顶起位置5]

姓名_____ 班级_____ 分数_____

定期保养项目（本页共有__2__项）

驾驶员座椅

☐　　　　　（165）　检查制动器制动踏板和杆（拖滞检查准备工作）
左　　右　　车轮（左前右后）
☐　☐　　　（166）　检查制动器拖滞

维护项目作业表 ［顶起位置 6］

姓名_____ 班级_____ 分数_____

定期保养项目（本页共有__1__项）

左　　　右　　轮胎

☐　　　☐　　（167）　车轮临时安装

维护项目作业表 [顶起位置 7 (1/2)]

姓名_____ 班级_____ 分数_____

定期保养项目（本页共有 __17__ 项）

发动机起动前

驻车制动器和车轮挡块
- ☐ （168） 使用驻车制动器并放置车轮挡块

发动机油
- ☐ （169） 加注发动机油

蓄电池
- ☐ （170） 检查电解液液位
- ☐ （171） 检查蓄电池盒损坏
- ☐ （172） 检查蓄电池端子腐蚀
- ☐ （173） 检查蓄电池端子导线松动
- ☐ （174） 检查通风孔塞损坏、孔堵塞
- ☐ （175） 测量电解液比重（单格）

制动液
- ☐ （176） 检查总泵内液面（贮液罐）
- ☐ （177） 检查总泵是否泄漏

制动管路
- ☐ （178） 检查液体是否泄漏
- ☐ （179） 检查制动器管和软管是否有裂纹和损坏
- ☐ （180） 检查制动器管和软管的安装状况

空气滤清器芯
- ☐ （181） 检查并更换

前减振器的上支承
- ☐ （182） 检查前减振器上支承的松动

喷洗液
- ☐ （183） 检查液位（目视即可）

发动机暖机期间

轮毂螺母的再紧固

左 右
- ☐ ☐ （184） 旋紧车轮

维护项目作业表 [顶起位置 7 (2/2)]

姓名_____ 班级_____ 分数_____

定期保养项目（本页共有__10__项）

发动机冷却液

☐ (185) 检查是否从散热器泄漏
☐ (186) 检查橡胶软管是否泄漏
☐ (187) 检查软管夹周围是否泄漏
☐ (188) 检查散热器盖是否泄漏
☐ (189) 检查橡胶软管是否有裂纹、凸起和硬化
☐ (190) 检查橡胶软管连接松动
☐ (191) 检查夹箍安装松动

发动机暖机后

空调

☐ (192) 检查制冷剂量（从观察窗检查）

发动机停机后

发动机油

☐ (193) 检查发动机油位（不必预热，按照当时温度）

发动机冷却液

☐ (194) 检查冷却液液位（目测贮液罐）

维护项目作业表［顶起位置8］

姓名_____ 班级_____ 分数_____

定期保养项目（本页共有__3__项）

最终检查

□	（195）	发动机机油泄漏
□	（196）	制动器液泄漏
□	（197）	更换零件等的安装状况

维护项目作业表 [顶起位置 9]

姓名_____   班级_____   分数_____

定期保养项目（本页共有__2__项）

恢复/清洁

☐ （198）　拆卸翼子板布和前格栅布

☐ （199）　清洁车身、车身内部、烟灰缸等

教师服务信息表

尊敬的老师：

您好！感谢您多年来对机械工业出版社的支持与厚爱！为了进一步提高我社教材的出版质量，更好地为职业教育的发展服务，欢迎您对我社的教材多提宝贵意见和建议。另外，如果您在教学中选用了《汽车维护实训教程》（袁家旺　柯裕伟　主编）一书，我们将为您免费提供与本书配套的电子课件。

一、基本信息

姓名：_____　　性别：_____　　职称：_____　　职务：_____
学校：_____　　系部：_____
地址：_____　　邮编：_____
任教课程：_____　　电话：_____　　手机：_____
电子邮件：_____　　QQ：_____　　MSN：_____

二、您对本书的意见及建议（欢迎您指出本书的疏误之处）

三、您近期的著书计划

请与我们联系：

北京市西城区百万庄大街22号(100037)　　机械工业出版社·技能教育分社　　陈玉芝(收)
Tel：010-88379079
Fax：010-68329397
E-mail：cyztian@gwall.com 或 cyztian@126.com